AF451146

DE
PEDACITOS DE TI

Hasta el amor que hay en mi

**Prólogo de Lain García Calvo autor del Best Seller
"La Voz de tu Alma"**

DE PEDACITOS DE TI

*Hasta el amor que
hay en mi*

**"Encuentra un sentido a tu vida, experimenta tu propia
transformación".**

SONIA BAUTISTA

Título: *De pedacitos de ti*
© 2020, Sonia Bautista

Autoedición y Diseño: 2020, Sonia Bautista

Primera edición: septiembre de 2020
ISBN-13: 978-84-18489-15-0
Depósito legal: TF 588-2020

DE PEDACITOS DE TI... HASTA EL AMOR QUE HAY EN MÍ

Sonia Bautista Lozano.

DECRETO

«YO SOY UN CORAZÓN VALIENTE, HOY DOY UN PASO ADELANTE, APRENDO DEL PASADO, PERDONO Y ME PERDONO.

MEREZCO DISFRUTAR DEL PRESENTE, ME AMO, MIRO AL FUTURO CON FE, GRACIAS.

ME PERMITO VIVIR EN ABUNDANCIA, TE AMO».

Sonia Bautista Lozano.

Vuela alto, vuela, niña, que tu alma está sanada y la fuerza del amor está en tu corazón.

Vuela, niña, vuela libre, acompañarás a otros en el camino del amor.

Tienes tu perdón, conectada estás a la fuerza de tu corazón.

Baila y danza sin temor.

Vuela, eleva tus alas al sol, tu fuerza del corazón te guiará hacia Dios.

Tu corazón ha sido sanado gracias a la fuerza del amor.

En tu camino estás, sanarás y acompañarás a los demás hacia Dios.

Vuela alto, vuela, niña, mira dentro, tu alma te guiará.

Muestra tu alma tal cual, ella te apartará del mal.

(Nana que canalicé en momentos de transformación).

PRÓLOGO LAIN

Naciste porque te dieron una oportunidad.

Piensa en ello…

Millones de almas queriendo reencarnarse y nosotros estamos aquí, ¡tenemos que aprovecharlo!

Vinimos aquí a crecer, expandirnos, sanar, elevarnos por encima de los traumas del pasado y de las circunstancias actuales hasta convertirnos en nuestra mejor versión.

Por eso, no mires lo que tienes en frente, sino el potencial. No eres lo que crees, ¡eres mucho más!

Tienes que ser, para ello, un buscador. Jesús de Nazaret dijo:

"El que busca no debe dejar de buscar hasta que encuentre, y cuando encuentre se estremecerá, y tras su estremecimiento se maravillará y reinará sobre el universo."

Ese universo es el que tú vas a crear. Para ello debes pasar de víctima, donde todo te pasa a ti, a creador, donde todo pasa a través de ti y para ti.

¿Ves la diferencia? Estoy seguro de que sí.

Todo llega por propósito y este libro que tienes en tus manos también. Si lo aprovechas, estoy seguro que contiene información que te ayudará a llevar tu vida hacia un nuevo destino superior.

Gracias Sonia por escribirlo y a ti, amado lector, por leerlo.

LAIN, autor de la Saga de LA VOZ DE TU ALMA.

www.lavozdetualma.com

AGRADECIMIENTOS

A mis padres, por ser como son y como fueron. Os agradezco desde lo más profundo de mi corazón el haberme regalado la vida.

A mi hermana Pilar, de pedacitos de ti, gracias.

A mi hermana Cristina, mi apoyo incondicional. Siempre, siempre has creído en mí, gracias de corazón.

A mis hijos, Raúl y Sergio, mis maestros y mi fuerza vital.

A mi sobrina Sandra, ilustradora de algunas imágenes.

A Luis, por el amor y la comprensión, por tu apoyo incondicional.

A Luis Felipe, GRACIAS.

A los «corazones valientes de Kitara».

A Ana Belén (*Reiki Usui*), Todokine, Mónica y Armando, Escuela Internacional de Yoga y Encarna (*Reiki Karuna*).

A mis compañeros del grupo *Best Seller*, a Lain García Calvo, por lavarme el cerebro y por la mentoría tan maravillosa que ha hecho realidad este sueño.

A mis maestros y guías espirituales, por permitirme ser un canal entre dos mundos.

Gracias a mi niña interior, gracias por permitir que realicemos juntas nuestros sueños.

Inmensamente agradecida a los que formáis, formasteis y formaréis parte de mi vida, este libro está hecho de pedacitos de TI... De ti, que decidiste leerlo.

Testimonios

«Ya desde el principio del libro consigues trasladarnos a la infancia, a la adolescencia… y, en definitiva, dar un largo paseo por nuestra vida. Eso es ya mucho para que recapacitemos y nos demos cuenta de que es en nosotros mismos donde está la solución. ¡Enhorabuena!».

Conchita.

«Gracias, Sonia, por compartir tu experiencia y conocimiento con todos nosotros, por abrir tu corazón y tu alma con sencillez y humildad. Gracias por enseñarme a descubrir mis creencias limitantes y mis patrones de comportamiento. Gracias por enseñarme a sanar las heridas del pasado. Gracias por ayudarme a ser consciente de mis emociones. Gracias por hacerme pensar, pensar y pensar. Y, sobre todo, gracias por estar en mi vida en la cercanía y en la distancia en los wasaps y en las charlas. Gracias por esta lectura maravillosa y transformadora, llena de palabras que llegan al alma».

Maite Martín.

«Hace dos años que conozco a Sonia. Cada vez que voy a su consulta me recibe con un cariño sincero, digno de destacar. Ese abrazo inicial y su manera cercana y abierta de comunicarse crean, de una forma inmediata, una confianza que es terapéutica en sí misma. No he conocido consulta en la que me haya sentido más cómoda y acogida, por Sonia en primer lugar, y también por el entorno físico que ha creado: un oasis de paz y belleza que refuerza y facilita la terapia.

»La Kinesiología de Sonia es singular, con una confianza arrolladora es capaz de testar según el protocolo y también fuera de él, siguiendo su agudo instinto y dependiendo del caso particular. Este es un rasgo creativo que solo una persona profundamente empática como ella puede poseer. Quiero darte las gracias, querida Sonia, eres un pedacito de luz en este mundo, y a los que te conocemos alumbras con esa luz nuestro corazón».

Aroa.

Índice

¿QUIÉN SOY?

Desde pequeña me gustaba leer, escribir y bailar.

Bailaba sevillanas, me fascinaba mi profesora de baile, Emilita. Era maravillosa y cariñosa, verla bailar era un verdadero placer. Desde los cinco hasta los catorce años me hizo sentir una bailarina profesional.

Con dieciocho años comencé a trabajar en el Hospital Ramón y Cajal hasta los cuarentaitrés años, que pedí una excedencia.

Veinticinco años de experiencias en todas las áreas del hospital: urgencias, plantas y quirófanos. Me encantaba mi trabajo, ayudar a los demás...

Alrededor de los treintaiséis años comencé mi despertar espiritual y crecimiento personal. Me formé en *Reiki Usui* y *Karuna*, Kinesiología, *Coaching* emocional kinesiológico y como profesora de yoga.

Fundadora y emprendedora del centro de técnicas naturales de Yoga y Aeroyoga KITARA.

Actualmente estoy cumpliendo con mi propósito de vida, que es acompañar y apoyar a los demás en su crecimiento y desarrollo personal, desde mi consulta, eventos y círculos de empoderamiento de mujeres.

Introducción

Amado lector, amada lectora.

Alma maravillosa de la tierra, no es casualidad que tengas este libro en tus manos.

Desde lo más profundo de mi corazón lo he escrito DE PEDACITOS DE TI y de todas aquellas personas que encontré en mi camino y que me ayudaron a crecer, haciendo posible mi *despertar*, conocerme, manejar las emociones y reencontrarme con el AMOR que hay en mí.

En este libro encontrarás información muy valiosa y apreciada que te servirá de guía para la situación en la que te encuentras ahora mismo. Personalmente me ha transformado. Mientras lo escribía tuve revelaciones que me han supuesto un gran aprendizaje.

Abre tu mente y lee desde el corazón para dar un sentido a tu vida y a lo que has experimentado hasta ahora.

Diferenciarás el mundo externo del mundo interno, comprenderás el comportamiento de los demás y, lo más importante, entenderás tu interior.

Es muy probable que te identifiques con algunas de las situaciones que incluyo y serás conocedor de otras muchas.

Una palabra, un párrafo, un capítulo, incluso todo el libro, despertará en ti un nuevo aprendizaje, una nueva emoción. TODO ESTÁ EN TI, solo lo estás recordando.

Después de leerlo experimentarás un cambio en tu mentalidad, en tus emociones y, en definitiva, en tu vida. Darás el paso definitivo para resolver el conflicto o desafío que te tiene bloqueado o estancado.

Te invito a disfrutar de este maravilloso encuentro.

Gracias, gracias, gracias por tener la valentía de coger fuerzas para un nuevo comienzo, un nuevo despertar de la conciencia, por abrir la mente hacia tus emociones, pensamientos, alma, cuerpo y crecimiento como persona, y amar tu cuerpo y respetarlo.

NOTA: a lo largo del libro me dirigiré en género neutro del idioma español para no repetir lector, lectora, hijos, hijas, etc., en caso de que el sexo no sea relevante.

Desde el principio

Naces, creces, te reproduces y mueres.

Así transcurre la vida de un SER vivo. Los SERES humanos lo dividimos en varias etapas: infancia, adolescencia, edad madura o adulta, la tercera edad o vejez y la muerte.

Nadie trae un libro de instrucciones que le guíe en su camino por esta vida terrenal, son nuestros padres o las personas que están a nuestro cargo a las que tenemos como referencia para crecer, pero ellos tampoco lo traen. Así es cómo, desde sus conocimientos, harán lo que crean mejor para educarnos.

Desde el punto de vista espiritual SOMOS ALMAS en proceso de evolución. Renacemos en un cuerpo físico para aprender, enseñar, sanar y evolucionar. Traemos una historia que vivir, desafíos a los que enfrentarnos y que nos permiten crecer como personas, y también una misión que cumplir.

Hasta el momento del nacimiento, incluso después, podemos recordar quiénes somos y por qué venimos aquí. Incluso traemos pactado un recorrido que poco a poco iremos olvidando por aprender el sistema de creencias de nuestros padres, familiares, profesores, amigos y sociedad donde crezcamos.

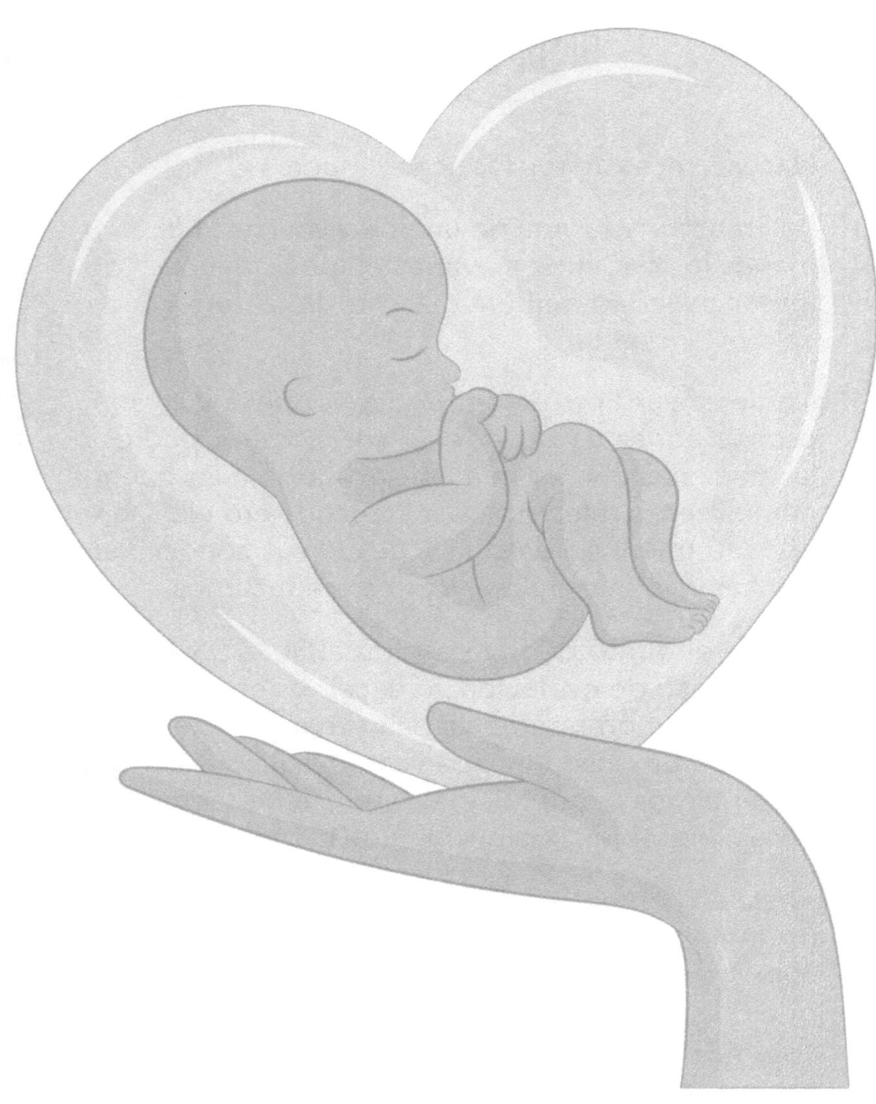

Infancia

Los expertos en la materia aseguran que formarnos y crecer duele más que morir, pues duelen los huesos, los dientes y los músculos en desarrollo.

De cero a tres años desarrollaremos nuestra personalidad para ser aceptados y adaptarnos a la familia y al medio que nos rodea. Creamos nuestra ecuación emocional, la tipología basada en cómo conectamos con las emociones.

¿Qué recuerdas de tu infancia? ¿Erais muchos hermanos? ¿Qué sentiste cuando nacieron? ¿Fuiste al colegio? ¿Recuerdas a tus primeros profesores? ¿Tuviste algún trauma emocional?

Qué importantes son estos años, la inocencia y lo vulnerables que somos. Te invito a que pares y reflexiones sobre la infancia y sobre cómo crees que ha repercutido en el adulto que eres ahora.

Construimos las relaciones entre otros seres humanos generando vínculos y afectos.

Por ello, es de vital importancia la protección y atención en la familia y lugares donde se educa al niño.

Demasiado amor no hace a los niños malcriados, estos se vuelven consentidos cuando se les dan cosas que sustituyen la presencia de los padres.

Cuando no se les dan, se creará un vacío que en la adolescencia expresarán en forma de rabia.

Generalmente, los padres proyectan en sus hijos sus frustraciones, deseando que el niño sea lo que ellos no han podido ser o conseguir, transmitiéndoles sus miedos e inseguridades desde que nacen.

En generaciones anteriores no se tenía tan en cuenta la afectividad, se tenía más cantidad de hijos y era fundamental cubrir las necesidades básicas fisiológicas.

Hoy en día la maternidad está más protegida, el índice de natalidad ha bajado considerablemente y la falta de conciliación con el trabajo es la causante.

La adolescencia

«Puf... qué edad más complicada. Muchos cambios».

Amado lector, ¿recuerdas tu adolescencia? Cuántos complejos que ahora vemos absurdos, ¿verdad?

¿Recuerdas cuál fue la edad en la que te sentiste más incomprendido, desubicado o desconectado de ti mismo?

La adolescencia está comprendida entre los diez y los dieciocho años, y también cuenta con varias fases.

A partir de los diez años, aproximadamente, el cuerpo comienza a tener cambios físicos. Las hormonas empiezan a alterarse, siendo los cambios de humor los protagonistas de los picos emocionales.

Nuestros padres pierden protagonismo en nuestra vida, dando ese lugar a amigos y personas de *fuera*.

Cuántas preguntas sin contestar, sin resolver: ¿quién soy? ¿A qué he venido aquí? ¿Cómo llegamos al mundo? ¿Soy aceptado por mis amigos? ¿Y por la sociedad?

Probablemente en algún momento te desconectaste de tu alma para integrarte en un grupo de amigos, coqueteaste con el primer cigarrillo, experimentaste tu primera borrachera o te sentiste rechazado por el primer amor.

Es posible que fueras *diferente* y te hicieran *bullying*, es decir, sufriste acoso escolar día a día.

También pudiste no sentirte acorde con el cuerpo físico que marca la sociedad o tu grupo de amigos, y comenzaste a experimentar trastornos alimenticios.

En la adolescencia, la mayoría de los seres humanos nos desconectamos del alma para integrarnos en la sociedad, generando así un vacío interno que nos acompañará hasta el siguiente *despertar*.

Puede que aún puedas escuchar a tus padres o mayores decirte:

«Estudia para SER alguien en la vida».

«Estudia, que hay mucha competencia para ser el mejor».

«Trabaja para GANARTE la vida».

«Mira a Fulanito, él estudió una carrera».

La vida es para vivirla, NO se gana.

Ya SOMOS alguien en la vida. Se estudia para adquirir conocimientos y formarnos. Ya eres el mejor, tienes tu propio y único talento, solo tienes que desarrollarlo.

Justo a esa edad es cuando tienes que decidir qué quieres estudiar, qué te gusta o no para escoger en qué vas a trabajar.

Poco a poco hay avances en la enseñanza. Los profesores van teniendo más consciencia de que el aprendizaje es más efectivo desde la comprensión de las emociones y de que todos no aprendemos de la misma manera. Como digo, el conocimiento se va integrando, pero muy despacio.

Hasta esta edad es de vital importancia el trato, tanto físico como emocional y mental.

Son los primeros años de nuestra vida, el adulto que eres hoy es el resultado del niño y adolescente que fuiste ayer.

La adolescencia es un periodo para aprender a convertirse en adulto, no para convertirse en un adolescente con éxito.

La juventud, divino tesoro

Edad comprendida entre los veinte y los treintaicinco años, aproximadamente.

Más que una etapa de vida es un estado del alma.

¿Recuerdas esta edad? ¿Se respondieron las preguntas de la adolescencia? ¿Ya tenías claro qué hacer en la vida?

¿Terminaste los estudios? ¿Encontraste trabajo relacionado con ellos o tuviste que trabajar en lo que fuese para *ganarte la vida*?

¿Superaste esos *traumas* de la niñez y la adolescencia?

¿Con qué rellenas el vacío que te dejó el alma al desconectarte?

Con lo que sea que lo rellenes, si aún no eres consciente, irá creciendo sin entender nada y con sentimientos de frustración, de miedo, de ira. Estos despertarán en ti creando alguna adicción o modo de escape.

EDAD ADULTA

Hoy en día cada vez envejecemos más tarde, antes la media de vida estaba entre los cincuenta o sesenta años. Las nuevas generaciones cada vez se cuidan más y envejecen mejor, por lo que actualmente la media es de ochentaicinco años.

Así pues, la edad adulta o madurez se comprende entre los treintaicinco y los sesentaicinco años. A esta edad ya hemos cumplido la mayoría de las creencias que nos inculcaron en la niñez y adolescencia.

¿En qué entorno te educaron y creciste? ¿En la abundancia o en la escasez?

¿Tienes pareja? ¿Te has casado? ¿Tienes hijos? ¿Tienes trabajo fijo? ¿A dónde fuiste de vacaciones? ¿Qué coche tienes?

¿ERES FELIZ? ¿TE SIENTES PLENO CON TU VIDA?

Amado lector en edad adulta, ¿cumpliste estas creencias?

¿Cuarenta años y no te has casado ni has tenido hijos? Se te pasa el arroz...

Te dijeron que para ser feliz hay que casarse, tener hijos... bla, bla, bla. Alrededor de los cuarenta años empiezas a darte cuenta de que eso no es la felicidad y de que esta se encuentra dentro de uno mismo, viviendo en paz.

Para vivir en pareja es importante entender que uno tiene que ser feliz y compartir con la pareja la felicidad. Muchos siguen cargando en la pareja la responsabilidad de hacerles feliz.

¿A que te lo han dicho en alguna ocasión? «¡Es que no me haces feliz!».

«La crisis de los cuarenta» se llama así porque a esta edad te planteas muchas cosas, entre ellas si realmente eres feliz con la vida que tienes, si verdaderamente estás donde soñaste estar y si realmente llenaste con amor el vacío existencial que un día se creó por alguna herida del pasado.

Más o menos es a esta edad cuando tomas decisiones radicales sobre tu vida. Cada día vemos cómo más matrimonios se disuelven y más adultos dejan sus trabajos de toda la vida para dedicarse a lo que realmente han venido a hacer. Un *despertar* de conciencia, un accidente, una enfermedad, un desafío que nos hace tocar fondo.

Algunas personas pasan por la vida cumpliendo creencias, aguantado trabajos hasta la jubilación simplemente por tener una seguridad en su tercera edad, soportando parejas tóxicas por no quedarse solos, incluso sin saber a qué vinieron a la Tierra.

NOTA PARA EL LECTOR: no esperes a casarte y tener hijos, sé feliz y después comparte esa felicidad con los demás.

CRECER DUELE

Las águilas viven setenta años, pero a los cuarenta años de vida tienen que tomar una decisión.

Sus garras se vuelven tan largas y flexibles que no pueden sujetar a las presas de las que se alimentan. El pico alargado y puntiagudo se curva demasiado, apuntando contra el pecho, y ya no les sirve. Sus alas están envejecidas y pesadas en función del gran tamaño de sus plumas, y volar se les hace muy difícil.

Tienen dos alternativas: abandonarse y morir, o enfrentarse a un doloroso proceso de renovación.

Este proceso consiste en volar a un nido en las montañas, cerca de una pared y donde esté segura. El águila comienza a golpear con su pico la pared con mucha fuerza hasta conseguir arrancárselo.

Después esperará el crecimiento de su nuevo pico, con el que se desprenderá una a una de sus viejas garras.

Cuando las nuevas garras comienzan a nacer, comenzará a desgarrarse sus desgastadas plumas.

Y después de todos esos largos y dolorosos cinco meses de heridas, cicatrizaciones y crecimiento, logra realizar su famoso vuelo de renovación, renacimiento y festejo para vivir otros treinta años más.

En nuestra vida, para continuar un vuelo de victoria, muchas veces tenemos que resguardarnos por algún tiempo y comenzar un proceso de renovación.

Debemos desprendernos de costumbres, tradiciones y recuerdos cuyo peso nos impide avanzar.

Solamente libres del pasado podremos aprovechar el resultado valioso que una renovación siempre nos trae.

Renovarse por dentro implica poner orden en el mundo mental, desechando los recuerdos dolorosos para quedarnos solo con la experiencia de lo que aprendimos.

Para alzar vuelo hay que conocernos, saber quiénes somos, cuáles son nuestros potenciales y a dónde queremos llegar.

El camino es un desafío, una elección tuya.

Sigue la ruta de las águilas, siempre hacia arriba, siempre hacia adelante.

¿ESTÁS DONDE QUIERES ESTAR?

¿En qué momento de tu vida te encuentras ahora?

Piensa y recapacita, observa a tu alrededor y pregúntate si realmente estás cumpliendo creencias o si estás dispuesto a cambiar y AMAR.

Si estás leyendo este libro es porque tus sueños y tu camino de vida cogieron otro rumbo.

Continúa leyendo, descubre qué pasos seguir para empoderarte y reconectarte con tu anhelo del alma.

¿Muchos *peros* en tu día a día? ¿Cuál es la excusa que más se repite? ¿Dejas para mañana lo que puedes hacer hoy? ¿Cuántas cosas empezaste y no terminaste?

No importa lo que has vivido hasta ahora, lo más importante es lo que decides en este momento presente.

Cada día que vives es una ocasión especial para cambiar y AMAR.

LOS PRIMITIVOS

Desde la prehistoria, los hombres adoptaron un rol y las mujeres otros.

Los hombres, por su corpulencia, su fuerza y desarrollo muscular, salían a cazar animales para comer y fabricaban sus propias lanzas y armas para traer sustento a la cueva. Las mujeres cuidaban la tribu y protegían la cueva.

Así es como los hombres traen en sus genes creencias y patrones de que son los responsables de llevar el alimento y el dinero a casa, de ser el *cabeza de familia*; mientras que las mujeres estarían en casa cuidándola y criando a los hijos, siendo *amas de casa*.

¿Hemos evolucionado?

Depende del país en el que te encuentres y hayas nacido, hemos evolucionado más o menos, aunque estos roles se siguen repitiendo hoy en día.

La evolución nos ha generado confusión, ya que las mujeres han salido también a cazar, pero sin descuidar la cueva, ni la tribu, ni la crianza de los hijos.

Esto supone un exceso de cargas por las exigencias de la sociedad de ser supermujer, de poder con todo, de ser fuertes, independientes, etc.

A los hombres también se les va cambiando el patrón. Además de salir a *cazar y traer el alimento* a casa, también van asumiendo el cuidar de la tribu y proteger la cueva.

Lo más recomendable sería que ambos sexos asumieran las responsabilidades de la convivencia a partes iguales, teniendo en cuenta que hay que dejar fluir las leyes naturales.

Es decir, la mujer da a luz y los primeros meses es ella la que da el alimento a través de su pecho al hijo. Durante unos meses es recomendable que siga siendo la madre la que permanezca a su lado, sin quitarle importancia al afecto del padre.

Es de vital importancia la educación, los valores, el amor y el respeto por ambos progenitores.

Sandra Ramiro Bautista.

¿CÓMO FUNCIONA EL CEREBRO?

Entender el cerebro nos ayudará a entendernos a nosotros mismos.

Anatómicamente es la parte más voluminosa del encéfalo y está dividido por un surco central (llamado cisura longitudinal) en los hemisferios derecho e izquierdo, unidos por el cuerpo calloso.

Cada hemisferio cerebral se divide en cuatro lóbulos: frontal, parietal, temporal y occipital. Los lóbulos se sitúan debajo de los huesos que llevan el mismo nombre.

Las células del cerebro se llaman neuronas. Se interconectan entre sí en serie y en paralelo por los llamados contactos sinápticos, los cuales permiten el funcionamiento cerebral.

Gracias a estos circuitos entre las neuronas, el cerebro también es capaz de procesar información sensorial procedente del mundo exterior y del propio cuerpo. Se asemeja a un ordenador.

Se encarga de las funciones sensoriales, las funciones motoras y las funciones de integración, así como de las asociadas con las actividades mentales y emocionales.

El cerebro controla la memoria, el lenguaje, la escritura y la respuesta emocional.

Hay una parte del cerebro que se llama *cerebro reptiliano* y no es reflexivo. Es el del comportamiento animal y actúa de manera inconsciente, protegiéndonos de cualquier amenaza.

Su función es la de encargarse de la supervivencia. Es el que nos acomoda en la llamada *zona de confort*, ya que cuando está en terreno desconocido y se siente amenazado, prefiere huir a enfrentarse a algo nuevo.

También regula las funciones vitales básicas, como la respiración y las funciones cardíacas; y evita el dolor, pues busca el placer y las sensaciones agradables.

Protege el territorio, defendiendo a las personas más cercanas a nosotros, nuestro hogar, como los animales en la manada.

Se encarga de la reproducción, asegurando así la supervivencia de la especie. Activa el instinto y motivación sexual, nos hace sentir atraídos por otras personas.

En el cerebro se procesan las órdenes, se guardan muchos recuerdos y se almacenan muchas memorias del pasado.

Desde que estamos en la Tierra el hombre cuenta con dos sistemas de supervivencia, el simpático y el parasimpático, que son componentes del sistema nervioso central.

El sistema nervioso simpático prepara el cuerpo para situaciones que requieren un estado de alerta o fuerza, como situaciones de miedo, vergüenza o ira (cualquiera que suponga una huida o lucha).

Se estimulan los músculos cardíacos para aumentar la frecuencia y se dilatan los bronquios de los pulmones y los vasos sanguíneos, para aumentar así el suministro de sangre. También se eleva la sudoración y se reducen la digestión y la micción.

El sistema nervioso parasimpático se activa durante la digestión. Reduce la presión arterial, la frecuencia cardíaca y respiratoria, y conserva la energía mediante la relajación y el descanso.

Es la zona más primitiva la del tronco cerebral, rodea la parte superior de la médula espinal y regula las funciones vitales básicas, como la respiración y el metabolismo. De ahí surgen los centros emocionales, dando lugar al cerebro pensante o neocorteza.

Cuando el cerebro advierte un peligro, se activa una hormona que se llama *cortisol*, llamada también la *hormona del estrés*.

El cerebro, en modo de amenaza, se bloquea de cualquier aprendizaje o comprensión. Cuando una persona está en este modo, aunque le hables y le expliques, no entenderá nada. Por ejemplo, cuando un médico te cuenta una mala noticia sobre tu salud, el cerebro se bloquea, se nubla y no entiende las siguientes indicaciones que le siguen intentando explicar.

Un niño que viva cualquier situación de estrés en casa y se sienta amenazado, no entenderá la explicación del profesor en clase. Lo que hoy en día etiquetan como déficit de atención no es más que niños estresados o que han sufrido algún trauma.

El estrés es una emoción o estado emocional que genera tensión física en situaciones que hacen sentir enfadado, frustrado o nervioso. Si se mantiene mucho tiempo una situación de estrés, el individuo será más propenso a la enfermedad, vivirá en estado de alerta, de huida continua, y su energía y defensas bajarán.

La forma de pensar, creer y sentir condicionará el nivel de cortisol. El cambiar y mantener pensamientos y emociones positivos modificará la actividad bioquímica de las células en el cerebro.

Al cerebro no le gusta pensar y repetirá lo que has hecho hoy el resto de tu vida, es decir, la rutina, pues no le gusta esforzarse ni cambiar hábitos.

No te aconsejo que te pelees con él, actúa dándole nuevas normas favorables de repetición. Es decir, crea nuevos hábitos para salir del estrés.

Imágenes del funcionamiento del cerebro:

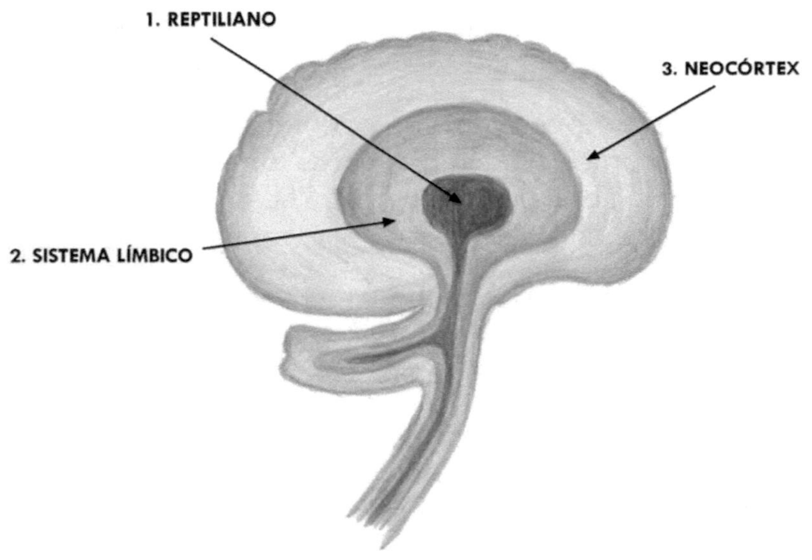

SIN LLUVIA, NO HAY FLORES

2.

CREENCIAS, PENSAMIENTOS, EMOCIONES

Los seres humanos somos vulnerables por naturaleza.

Como menciono al principio, desde que nacemos somos vulnerables al entorno, a cómo procesamos nuestras experiencias en la infancia y la adolescencia, y al modo de crianza que nos rodea.

Esta vulnerabilidad afecta tanto al nivel físico como al mental y así es como se van formando nuestras creencias.

Sobre ellas girarán nuestros pensamientos, emociones, comportamientos, conductas y patrones.

Sería injusto culpar a nuestros padres de nuestros miedos e inseguridades, ya que ellos lo hicieron lo mejor que supieron, con la información que tenían, sus propias creencias y su educación.

Si eres adulto, es responsabilidad tuya cambiar las creencias y pensamientos para mejorar tu vida.

LO QUE CREES, CREAS.

¿QUÉ SON LAS CREENCIAS?

«El sistema de creencias representa el conjunto de expectativas, hipótesis o creencias, conscientes e inconscientes, que una persona acepta como explicación verdadera del mundo en que vive».

Milton Rokeach (1960).

Nos ayudan a explicar la realidad según la percibimos y comienzan con experiencias en la niñez de forma directa o indirecta, siendo pequeñas guías de pensamiento.

Nos permiten relacionarnos y nos protegen en momentos de incertidumbre, dándonos coherencia interna.

> *Cada uno mira el mundo con un cristal de gafas diferente.*

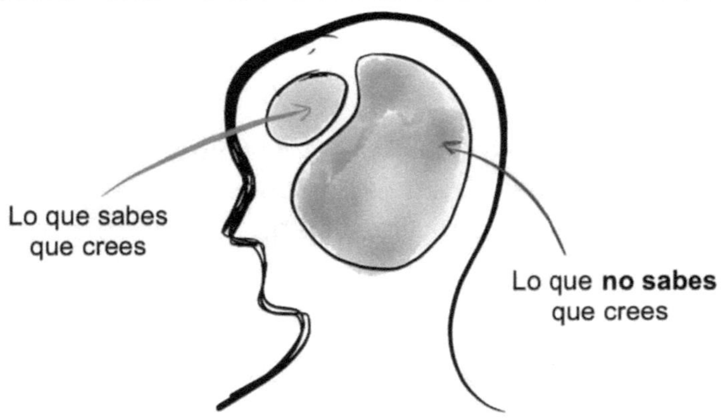

La fábrica de creencias y significados en tu cabeza

CREENCIAS LIMITANTES

Son ideas irracionales, creencias contraproducentes que son comunes a nuestra especie y que nos bloquean. Son repetitivas en distintas personas y culturas.

Lo más importante es ser conscientes de ellas, detectarlas y transformarlas.

«La creencia es involuntaria, nada involuntario es meritorio o condenable. Un hombre no puede ser considerado mejor o peor por su creencia».

Percy Bysshe Shelley.

Ejemplos:

«Los hombres no lloran».

«Las mujeres son el sexo débil».

«Estudia para SER alguien en la vida».

«Asegúrate la vida con un trabajo fijo».

«El dinero no da la felicidad».

«Tanto ganas, tanto vales».

«*De algo hay que morir*».

«*Soy demasiado mayor*».

«*Soy demasiado joven*».

«*Los hombres son todos iguales*».

«*Las mujeres son manipuladoras*».

«*Los ricos son malos*».

Estas son solo algunas de las creencias más frecuentes.

Configuran un programa de memoria, como un disco duro almacenado en nuestro subconsciente que no entiende si es positivo o negativo, solo almacena.

Son verdades que instalamos por repetición, generalización o impacto emocional. Por ejemplo:

-Cuando eras pequeño te mordió un perro y no lo recuerdas, pero ves un perro y tu subconsciente te avisa de un peligro. Automáticamente asocias *perro* con *morder*.

-Puede que hayas sufrido tanto en una relación que no quieras volver a tener pareja.

-Te repitieron una y otra vez que no valías para estudiar, y ni se te ocurre pensar en ir a la universidad.

Según la neurociencia, más del 90 % de las acciones son realizadas por el inconsciente, como automatismos, y no por la mente racional.

Si el inconsciente está lleno de creencias limitantes, viviremos con emociones de tristeza, culpa, miedo, rabia y pensamientos negativos; y tomaremos decisiones y conductas relacionadas con la negatividad. Lo más probable es que estés en depresión, con la energía baja o enfermo.

Coge un bolígrafo, cierra los ojos y piensa en las diez creencias que más te limiten:

1.º

2.º

3.º

4.º

5.º

6.º

7.º

8.º

9.º

10.º

Seguro que seguirías escribiendo bastantes más, aunque muchas veces no somos conscientes de ellas.

Ahora piensa y responde las siguientes preguntas:

¿En qué área de tu vida estarías dispuesto a cambiar creencias limitantes?

¿Tienes una buena relación de pareja o aguantas por miedo a la soledad?

¿Tienes buena salud o eres de los que siempre está enfermo?

¿Tienes buena relación con el dinero? ¿Eres de los que nunca tienen dinero o lo guardan para cuando no hay?

Estas son las áreas más importantes, en las que a todos nos gustaría estar en armonía.

Repasaremos, por ejemplo, creencias sobre la salud y la enfermedad.

¿Qué recuerdas de las enfermedades que padeciste en la infancia? ¿Qué aprendiste sobre las enfermedades?

-«Si andas descalzo, te resfrías».

-«Cuando hace frío, hay gripe».

-«Cuando ves anuncios de medicamentos para la gripe o el resfriado, automáticamente tu subconsciente se prepara para un resfriado».

-«Si vas al trabajo y algún compañero está enfermo con gripe, progresivamente varios compañeros os iréis poniendo enfermos».

A continuación, te presento un **ejercicio para abandonar creencias y pensamientos negativos**.

Para que sea **EFECTIVO,** debes **SENTIRLO** realmente en el corazón.

Busca un lugar en el que puedas estar tranquilo y en silencio, y siéntate o túmbate en un lugar cómodo.

Inspira y, al espirar, comienza a relajar los pies, las piernas, el abdomen, los hombros, los brazos y la mandíbula. Cierra los ojos y permanece atento a la respiración, inspirando y espirando solo por la nariz durante dos minutos.

Aquella creencia que quieras cambiar escríbela o recuérdala.

Repite mentalmente:

«Estoy dispuesto a abandonarlo».

«Me desprendo de ello, lo suelto y lo dejo ir».

«Abandono el miedo, la culpa».

«Abandono mis antiguas limitaciones».

«Estoy en paz conmigo mismo».

«Me siento seguro y a salvo».

Dependiendo del área de tu vida y la creencia que quieres transformar, construirás afirmaciones en positivo:

«Yo soy capaz de...».

«Yo puedo...».

«Yo me merezco...».

«Yo soy...».

Ejercicio: visualízate en una playa, relajado, y embarca en una balsa las creencias limitantes que enumeraste anteriormente. Observa cómo se alejan y repítelo tantas veces como sientas.

Afirmaciones:

Según el área de tu vida que desees mejorar, repite cada día estos decretos.

SALUD

Decreto:

«Soy uno con la vida, toda la vida me ama y me apoya, tengo derecho a gozar de buena salud en todo momento. Mi cuerpo sabe mantenerse sano, tomo alimentos y bebidas saludables y mantengo la estructura flexible con ejercicio agradable. Mi cuerpo me ama y yo amo mi precioso cuerpo».

-«Estoy lleno de energía y entusiasmo».

-«Mi cuerpo se cura con rapidez».

-«Estoy sano, me siento completo».

-«Estar sano es seguro».

AMOR

Decreto:

«Soy uno con la vida, toda la vida me ama y me apoya, merezco que entre el amor en mi mundo y abro mi corazón al amor. Mi pareja y yo somos compatibles, nos respetamos y somos amigos. El amor en mi mundo está bien».

-«Me doy permiso para vivir una relación íntima».

-«El amor es eterno».

-«El amor me hace sentir libre».

-«Me merezco que me amen».

DINERO Y PROSPERIDAD

Decreto:

«Soy uno con la vida, toda la vida me ama y apoya, tengo derecho a compartir a manos llenas la prosperidad de mi vida. Gozo de mucho amor, alegría, éxito y dinero. Elijo estar receptivo a la prosperidad en todas sus formas. Cada día atraigo más y más dinero».

-«Me merezco tener mucho dinero en el banco».

-«Siempre tengo lo que necesito».

-«Tengo FE en que el universo me ayudará a tener dinero de sobra».

-«Mi sueldo aumenta cada vez más».

-«Bendigo todas mis facturas y las pago con agradecimiento».

-«Me doy permiso para prosperar».

PENSAMIENTOS

Podemos definir PENSAMIENTO como la capacidad que tienen las personas de formar ideas y representaciones de la realidad en su mente. Está relacionado con la imaginación, de hecho se considera que se genera a partir de ella.

El pensamiento llega a la mente y ésta activa las emociones dependiendo de las creencias.

Por ejemplo, si has vivido una experiencia negativa con una bicicleta cuando eras pequeño (te caíste y te hiciste mucho daño), ahora, de adulto, cuando te subas a una bicicleta, el subconsciente CREARÁ UN PENSAMIENTO recordando ese momento, y saltará la alarma de la EMOCIÓN del miedo a que pueda volver a suceder. Existe esa CREENCIA de que montar en bicicleta es peligroso.

Así es como nos creamos nuestras propias *películas mentales*. Desde que nacemos vamos recogiendo información según experiencias vividas, incluso relacionaremos los olores con un recuerdo.

«Como pensamos así somos, como continuemos pensando así permaneceremos».

Joseph Murphy.

Elaboramos así patrones de pensamientos, que son imanes de creación de tu vida.

AUTOMATISMOS

Nuestro organismo tiene la capacidad de automatizar información: tenemos memoria.

Los pensamientos automáticos se crean por repetición, nos sea favorable o desfavorable. De ahí que existan automatismos que puedan perjudicarnos, al crear emociones inadecuadas y acciones que no son adaptativas.

Por ejemplo, cuando ves una cucaracha, la sensación es de asco, de desagrado. Si te pregunto «¿Qué piensas?», seguro que contestarás que no piensas en nada, pero te producen malestar. A la cabeza te viene que están al lado de la suciedad, que pueden transmitir enfermedades, que son asquerosas, etc.

El automatismo se presenta cada vez que ves una cucaracha, por lo que te producirá estas emociones.

Otro ejemplo es cuando escuchas la palabra *piojo*. En tu organismo hay una respuesta automática de rascarte la cabeza y de sentir lo que produce tener este parásito.

Sé observador de los pensamientos. Resetea si son automatismos o si has de cambiar la creencia sobre esa emoción o pensamiento.

SI QUIERES CAMBIAR TU VIDA, HAS DE CAMBIAR LOS PENSAMIENTOS, PUES ATRAES LO QUE PIENSAS.

Estás solo a un pensamiento de cambiar tu vida.

Te estarás preguntando: «¿Cómo se cambia un pensamiento?».

Se hace observándolo, siendo consciente de si te aporta o te quita energía.

Hoy en día, si enciendes la televisión, ¿qué ves en las noticias? Catástrofes naturales, guerras, paro, escasez, etc. También ves los programas de mayor audiencia, aquellos en los que se pelean, hablan de la vida de otros, de engaños, de celos, etc.

Cuando te juntas con amigos, familiares o compañeros de trabajo, ¿de qué habláis? Seguro que os desahogáis contando penas y criticando a otros.

Lo más cómodo para la mente es pensar en negativo. Es un esfuerzo pensar en positivo y a la mente no le gusta esforzarse. Es un ENTRENAMIENTO diario cambiar pensamientos negativos por positivos.

TEN PRESENTE SIEMPRE LA OBSERVACIÓN. Esta es un punto de partida hacia el cambio.

Con ella le estás diciendo a tu subconsciente que te haces responsable de tu vida y que puedes transformar lo que quieras. Lo primero, visualiza e imagina que ya has cambiado.

Por ejemplo, si los pensamientos que más te bajan la energía y te limitan son sobre tu autoestima, haz el siguiente **ejercicio**.

Cierra los ojos y busca un momento en tu vida, en la infancia, en el que fueras muy feliz. Te sentías invencible, poderoso, guapo, atractivo, podías con todo... Si no te llega ningún momento, créalo, imagínatelo.

Repite: «SÍ PUEDO, SOY FUERTE Y ME AMO».

Cada mañana al despertar repite durante veintiún días la misma frase para convertirlo en hábito.

Estás reprogramando tu subconsciente. Te recomiendo poner la frase en un pósit en el espejo del baño, la nevera o la mesilla de noche, para no olvidarte.

EL ELEFANTE ENCADENADO

Había una vez un circo de animales en el que el protagonista era un elefante.

Era enorme y en la actuación desplegaba su peso y fuerza descomunal. Pero después de su actuación, el elefante quedaba sujeto por una cadena, que le aprisionaba una de sus patas, a una pequeña estaca clavada en el suelo.

La estaca era un pedazo de madera muy pequeño, apenas enterrado en la tierra, y la pata estaba sujeta a una cadena gruesa. El animal tendría la fuerza suficiente para arrancar la estaca, la cadena y huir. Y, entonces, ¿por qué no se escapaba?

El elefante no se escapaba porque desde muy pequeño le ataron a esa estaca y seguro que intentó tirar y escapar, pero sin éxito. Tuvo que aceptar su impotencia y resignarse a su destino.

Así quedó en su recuerdo que la estaca le tendría aprisionado siempre y no se cuestionó más volver a intentarlo.

Vamos por el mundo atados a cientos de estacas que nos quitan la libertad, resignándonos como el elefante al recuerdo del «NO PUEDO».

«VUELVE A INTENTARLO CON TODO TU CORAZÓN».

Jorge Bucay.

Sandra Ramiro Bautista.

PATRONES

Son situaciones que repetimos una y otra vez debido a que en nuestra infancia las absorbimos de nuestra familia o de nuestros ancestros, e incluso las traemos de otras vidas. Por eso es de gran importancia el entorno en el que crecemos.

Somos auténticas esponjas y, de manera subconsciente, nos vamos creando patrones de conducta.

Algunos ejemplos:

¿Te enamoras siempre de la persona equivocada?

¿Sientes que tu vida amorosa es una espiral que siempre lleva al mismo punto?

¿Tus relaciones están más llenas de ansiedad y frustración que de felicidad y satisfacción?

Pero ¿por qué repetimos patrones que conscientemente sabemos que no son adecuados?

Quizás cuando eras niño tus padres solo te prestaban atención para regañarte, prohibirte cosas y recalcarte lo que hacías mal, por lo cual puedes ser de esas personas que atraen a personas que demuestren *amor* a base de reproches.

Puede que, por tu baja autoestima, atraigas a un determinado tipo de personas que se aprovechen y abusen de ti, te traten mal y te sean infieles, pero te conformas con migajas de amor y no te sientes merecedor de lo mejor.

Si tu padre estaba fuera todo el día trabajando y tu madre se quejaba de lo abandonada que la tenía, es posible que encuentres a alguien con las mismas características y esperarás que cambie por ti.

O si alguno de tus padres tenía parejas diferentes cada poco tiempo, es normal que atraigas a personas con un bajo sentido del compromiso.

Esto ocurre con las relaciones y con otras conductas.

Si tu padre no trataba bien a tu madre, ni a ti ni a tus hermanos, y tu madre te llenaba el plato de comida para calmar su culpa por no tener el valor de enfrentarse a él, puede ser que cada vez que te sientas culpable busques saciarte con la comida.

Pudiste tener una madre sobreprotectora que no te permitió que te esforzaras en conseguir nada.

Igualmente, si has crecido en un entorno de maltrato, encontrarás en tu vida parejas o personas en todos los ámbitos que no te tratarán bien, e incluso tú mismo, sin saberlo, te maltratarás y maltratarás a otros.

Si nos consideramos víctimas, encontraremos a verdugos.

Si somos personas capaces de darlo todo a cambio de nada, encontraremos chupópteros una y otra vez que se queden con nuestra energía sin nada a cambio.

Entonces, ¿cómo dejar de repetir estos patrones?

Igual que los aprendiste, los puedes desaprender:

1. Detecta el patrón o los patrones. Siempre el primer paso es darse cuenta de que existe un problema y estar dispuesto a solucionarlo: si tus padres aguantaban faltas de respeto y maltrato, si no se comprometían con sus relaciones, etc.

    Coge un bolígrafo y un cuaderno y escribe todo lo que creas que estás repitiendo y que no te deja avanzar en tus relaciones, en tu trabajo o en tu vida.

2. Encuentra los primeros indicios y corta a tiempo, no permitas más esa situación.

3. Asume tu responsabilidad y empieza a cambiar esos mismos patrones en ti. Crece como persona.

4. Busca la manera de cambiar esa vibración con la técnica de PNL (Programación Neurolingüística), nos reprogramamos.

5. No trates de cambiar a nadie, pues perderás mucha energía y la batalla en sí. Solo cambia

el que realmente quiere hacerlo. Puedes sugerir cosas que te gustan a ti, pero no pretendas que los demás se amolden a ti.

6. Cuida tu autoestima. Como describo más adelante, es fundamental la forma en la que nos tratamos y nos vemos, ya que así es como los demás nos van a ver y tratar.

Las emociones

Las emociones y los sentimientos se estudian desde la segunda mitad del siglo XX, pues hasta entonces estaba mal visto hablar de ellas.

Cada vez somos más conscientes de ellas y lo que implican en nuestra vida.

En la etimología de la palabra *emoción* se encuentra el verbo *mover*: las emociones nos llevan a movernos y a actuar como nos sentimos.

Su función es de adaptación al entorno, favoreciendo la autodefensa y la supervivencia.

Las emociones se viven cada momento, no podemos pasar un solo día sin experimentarlas. Incluso a veces cuesta reconocerlas y definirlas, como cuando vemos un atardecer precioso o la cara de tu bebé por primera vez, o cuando consigues algo en lo que llevas trabajando hace tiempo, o el olor de una rosa. Son infinitas las situaciones en las que no sabríamos expresar la emoción y el sentimiento.

Cualquier experiencia la guardamos en recuerdos, con imágenes y sentimientos.

Hoy en día podemos aprender a gestionarlas y a equilibrarlas gracias al *coaching* y a la inteligencia emocional. Las estudiamos, las identificamos y las reconocemos.

Eres emocionalmente inteligente, si conoces tus emociones y te ocupas de gestionarlas, te sentirás libre.

A continuación definiré aquellas con las que nos relacionamos con los demás y para entendernos a nosotros mismos.

Las emociones como la rabia, la tristeza y el miedo son aquellas con las que nos relacionamos cada día.

El orgullo, el amor y la alegría son aquellas con las que decidimos qué queremos hacer con nuestra vida.

En las siguientes páginas te definiré estas seis emociones principales: el miedo, la tristeza, la rabia, el orgullo, el amor y la alegría.

¿Te enseñaron en la infancia a gestionar e identificar tus emociones?

¿Te permites estar triste? ¿Te permites llorar?

¿Sabes qué significa cada emoción?

¿Te imaginas qué clase de persona serías hoy si desde la infancia te hubieran explicado las emociones, cómo actúan y su definición?

Identificarlas te será de gran ayuda para conocerte.

«El mayor descubrimiento de mi generación es que los seres humanos pueden cambiar sus vidas al cambiar sus emociones».

William James.

«Cuida tus propias emociones y nunca las subestimes».

Robert Henri.

El miedo

El miedo es percibir una posible amenaza de algo en ti o tu entorno. Su finalidad es la **SEGURIDAD**, nos anticipamos a una pérdida. Con el miedo nos protegemos.

¿A qué hay que tener miedo?

-A todo lo que amenace tu paz interior y te deje desbalanceando, desvitalizado.

-A todo lo que pretenda confundirte, hacerte perder tu sentido de la orientación.

-A todo lo que te haga dudar del orden natural, haciéndote creer que no es el de la alegría y el fluir de la vida sana en ti y en los demás (lo que te hace sentir culpa, frustración, etc.).

-A toda persona que te trate mal.

-A quien pretenda hacer tambalear tu orgullo auténtico de crear, crecer, transformarte y ser libre. Todo lo que pueda dañar el equilibrio, el fluir, la paz y tu libertad.

Algunos miedos son diferentes entre hombres y mujeres, pues tienen diferentes inquietudes y creencias.

MIEDOS MASCULINOS MÁS FRECUENTES:

-A no ser el que más gana en la familia.

-A perder el trabajo.

-A no cumplir sexualmente.

-A no tener apariencia masculina.

-A no tener éxito, al fracaso.

-A expresar sus sentimientos, a mostrarse débil.

MIEDOS FEMENINOS MÁS FRECUENTES:

-Al poco compromiso en una relación.

-A no ser atractiva.

-A envejecer y perder el atractivo.

-A la infidelidad.

-A que otra mujer cuide a sus hijos.

-A enfermar.

EMOCIONES DEL MIEDO EN POSITIVO SON:

-Paz: seguridad con todo lo que te rodea.

-Paciencia: seguridad en las personas de tu entorno.

-Dirección interna: alegría de la certeza de que esto no es para ti.

-Coraje: marcar límites en tu entorno, tomar acción.

-Valor: energía para confiar en que las personas que te rodean sepan protegerte.

-Temor: anticipación adecuada de los posibles peligros.

EMOCIONES DEL MIEDO EN NEGATIVO SON:

-Impaciencia: incapacidad de esperar.

-Frustración: no notas que lo que haces te ponga a salvo.

-Pánico, miedo y falta de confianza: crees que nadie te va a ayudar.

-Paranoia: te inventas el peligro.

-Fobia: es una invención del peligro en la que además hay una negación de la capacidad de arreglarlo, porque niegas la posibilidad de que te pueden ayudar.

La tristeza

Es la facultad innata de percibir una pérdida temporal o definitiva. Su finalidad es el desarrollo, la **REFLEXIÓN**.

Emociones de tristeza en modo positivo:

-Ilusión: capacidad de ser optimista con lo perdido.

-Serenidad mental: saber tomar de los demás lo adecuado.

-Confianza en uno mismo: reconocimiento del poder interno para generar nuevas opciones.

-Armonía: equilibrio entre lo que deseas y lo que has perdido.

-Empatía: capacidad de entender de forma inconsciente las necesidades de los demás.

-Inteligencia: capacidad de relacionar las cosas entre sí.

-Agudeza: encontrar la mejor de las opciones en el aquí y ahora.

EMOCIONES DE TRISTEZA EN MODO NEGATIVO:

-Despojo: creer que nadie va a respetar tus deseos.

-Obsesión: estado de preocupación excesiva ante una pérdida en la que el proceso mental de recuperación no lleva a ningún sitio.

-Depresión: no poder confiar en tu capacidad de resolver problemas.

-Desaprobación: enjuiciar negativamente lo recibido.

-Preocupación: estado del «Sí, pero…». Anticipar las pegas de cualquier solución de forma mecánica.

-Ansiedad: estar con la mente en el futuro.

En el estado de tristeza nos sentimos decaídos y con baja energía, sin embargo, es un punto de conexión con nuestro interior.

Sentimos tristeza en estado de duelo, al fallecer alguien querido, en una separación, en un divorcio, cuando perdemos el trabajo, etc.

Las **FASES DEL DUELO** más frecuentes son:

-**La fase de negación**: activamos el primer mecanismo de defensa. Reaccionamos con un «No puede ser, no quiero». Queremos pensar en que hay una equivocación.

-**La fase de negociación con la realidad**: se piensa en hacer tratos con la vida, con Dios, etc. Es una nueva conducta defensiva que trata de evitar lo inaceptable.

-**La fase de la depresión:** cuando todos los pasos anteriores se agotan en el intento de alejarnos de la realidad. Aparecen sentimientos de angustia y pensamientos negativos.

-**La fase de la ira:** cuando te das cuenta de la realidad y te preguntas «¿Por qué yo?», «¿Por qué ahora?». Te enfadas con la vida, con Dios y con el mundo. Sentimientos de odio, dolor y rencor florecen en tu corazón.

-**La fase de aceptación**: cuando se llega aquí ya estamos cansados y débiles. Hemos tenido que gestionar la rabia y la ansiedad. Es cuando se prefiere estar solo y preparar el futuro. Sentiremos paz en el interior.

Es muy importante LLORAR. Dicen que las lágrimas son el río de la vida. Llora si tienes ganas, sin necesidad de tener una causa. Déjate llevar y llora todo lo que quieras, después te sentirás mucho mejor. Llorar es de hombres, de mujeres, de seres humanos.

La rabia

Rabia es la facultad de reaccionar contra todo lo que pueda alterarte a ti o a tu entorno. Con rabia decidimos lo que está bien y lo que no, elegimos. Su finalidad es la **JUSTICIA**.

Es la energía necesaria para la afirmación y la protección de tu equilibrio.

Con ella tomamos decisiones, recuperamos lo que es nuestro, como la verdad, la protección, la abundancia, la libertad, la reconstrucción, lo sagrado, tu imagen y semejanza con tu Creador, etc.

Se utiliza para reaccionar ante la manipulación, rechazar la mentira y recuperar el estatus de humano.

Emociones de rabia positiva:

-Equilibrio: es el estado en el que encuentras después de ejecutar una decisión justa.

-Justicia: la rabia justa es la determinación de hacer que se respeten los derechos de todos los seres por igual.

-Asertividad: es la capacidad de autoafirmación de la forma más adecuada sin que nadie pierda.

-Decisión: es una acción que coloca la situación de forma diferente.

-Realización: la determinación que te permite realizar tus anhelos.

-Transformación: la capacidad de reconocer cuándo necesitas un cambio.

-Serenidad: es el equilibrio interior entre tus acciones y tus anhelos.

EMOCIONES DE RABIA NEGATIVA:

-Ira: necesidad de destrucción ante una frustración.

-Cólera: querer que la situación acabe, estar enfadado, pero no sentir la necesidad de destruir nada.

-Enfado: es una actitud de rabia excesiva ante una situación de fracaso.

-Indignación: es una actitud de enfado basada en las creencias en vez de en una decisión propia.

-Hostilidad: es un tipo de frustración por enfrentamiento entre los valores aprendidos y la justicia interna.

-Amargura: sin capacidad para ejercer las decisiones.

-Conformismo: cuando se deja que otros tomen las decisiones.

-Impotencia: es una persona que tiene una actitud de abandono porque no cree ser capaz de resolver la situación.

MEDITACIÓN PARA LIBERAR LA RABIA:

Sal a caminar, si es posible en un entorno de naturaleza.

Comienza a ser consciente de cada paso que das, a la vez que calmas la respiración y observas que es lenta y pausada.

Trae a tu mente esa situación o persona que creas que es la causante de ese sentimiento de rabia.

Recrea el enfado llevando una mano al corazón. Si es necesario detente, sintiendo la verdadera rabia. Sé amable contigo y permítete ese momento de ira, inspira y suéltala, no te juzgues ni juzgues a nadie, solo respira y suelta la emoción.

Observar cada paso junto con la respiración te llevará a liberar la emoción.

Recuerda que lo que nos irrita de otros es parte de lo que nos irrita de nosotros mismos.

Transmuta la emoción a positiva, ya conoces esta otra parte de la rabia.

Toma la DECISIÓN DE LIBERARTE DE LA NEGA-TIVIDAD y sube la vibración con una afirmación positiva, por ejemplo, «Decido liberar la rabia».

Las emociones del miedo, la tristeza y la rabia sirven para organizarnos el día a día, tomar decisiones, sentirnos seguros y reflexionar.

Mi propia técnica: si estás en un momento de rabia muy fuerte, coge un cojín o almohada, dale puñetazos, insúltale, grita y llora, después de un rato te sentirás mucho mejor.

El orgullo

El orgullo es nuestra identidad, lo que nos hace ser capaces de **crear, hacer y crecer.**

A menudo confundimos al orgullo con una actitud negativa, cuando en realidad es lo que somos y la facultad innata de percibir y transmitir tu dimensión creadora.

Emociones del orgullo positivo:

-Tolerancia: aceptación de las diversas maneras de ser de los demás sin sentirte inferior o en peligro.

-Aceptación: la comprensión de la necesidad de ser de los demás.

-Entusiasmo: la energía que uno pone para dar a luz a un ser nuevo en sí mismo o en el exterior.

-Creatividad: la capacidad de dar sentido y forma a algo que previamente no lo tiene. La capacidad de transformar algo en un sentido superior.

-Fidelidad: la capacidad del SER, de recordar permanentemente quiénes somos.

-Admiración: la capacidad de reconocer lo auténtico en los demás.

-Valoración: la capacidad de reconocer a los demás en su dimensión espacio/tiempo.

-Cesión: fomentar con tu energía el cambio, pero no participas, no estás implicado.

-Liberación: dar la capacidad de cambiar.

EMOCIONES DEL ORGULLO NEGATIVO:

-Culpabilidad: enfadarse contra lo que no es como te gustaría que fuera (responsabilidad) y buscar a alguien que pague por ello (culpabilización).

-Desprecio: invalidar el SER de los demás.

-Soberbia: ponerse por encima de alguien.

-Altivez: creerse por encima de alguien.

-Humillación: ponerse por debajo de alguien.

-Intolerancia: la no aceptación de lo diferente a lo que conozco y tengo integrado.

EJERCICIO PARA MEJORAR EL ORGULLO:

1.º Meditar para escuchar tu verdad.

2.º Creer en ti mismo.

> 3.º Cuidarte y amarte.
>
> 4.º Creer en los demás.
>
> 5.º Respetarte.
>
> 6.º Crear algo y TOMAR CONSCIENCIA.

FRASE POSITIVA: «SOY CAPAZ DE DESARROLLAR TODO MI POTENCIAL».

La alegría

Alegría es la **FE en el futuro**, la plenitud. Es la facultad innata de percibir y transmitir la visión.

Emociones de alegría en positivo:

-Paz interior: es la conciencia de que todas tus necesidades están cubiertas.

-Reposo: es la confianza de que las cosas van a fluir.

-Generosidad: es la capacidad interna de producir amor en el otro.

-Tranquilidad: es la capacidad de decidir cómo me siento frente a la forma en la que me tratan los demás.

-Esperanza: es una capacidad superior que te permite saber cuándo el universo está de tu parte y pondrá su energía a tu disposición.

-Realización interna: es cuando te encuentras y te identificas con los demás.

-Fe: es la capacidad de creer en cosas superiores.

-Optimismo: es una fe positivamente orientada.

-Unidad: es la percepción extraordinaria de la identidad entre todos los seres vivos y el reconocimiento de la divinidad en cada uno de ellos.

EMOCIONES DE ALEGRÍA EN NEGATIVO:

-Histeria: es la negación de la posibilidad de que alguien te ame.

-Celos: es exigir a los demás que te elijan continuamente para que seas su fuente de alegría.

-Remordimiento: es el arrepentimiento con negación de alegría y de generosidad, cuya base es la culpa.

-Avaricia: es la ambición desmesurada de alegría insana, se le atribuye una alegría desmedida a cosas materiales.

-Desesperación: es la negación del poder que el universo puede poner a tu disposición.

-Ausencia de fe: es la posición de negación de lo superior en la vida.

-Desequilibrio: asociado a lo conocido como *estrés*, la incapacidad de conectar con la alegría.

«Conocer el significado de las emociones te va a permitir crecer, sentir y entender tus comportamientos». Curso de coaching emocional kinesiológico, por Armando Dalveny.

EJERCICIO PARA ARMONIZAR CEREBRO Y CORAZÓN:

Sentado en una silla, cierra los ojos, relaja y suelta las piernas, descarga los hombros, las manos déjalas apoyadas sobre los muslos y respira suavemente por la nariz durante un minuto, aproximadamente.

TOMA CONSCIENCIA DE TU CORAZÓN, TOCA CON LA MANO EL CENTRO DE TU PECHO Y DISMINUYE EL RITMO DE TU RESPIRACIÓN.

Respira solo por la nariz, contando entre cinco y tres veces.

SIENTE gratitud, compasión, perdón.

Está demostrado científicamente que si lo haces un mínimo de tres minutos, varias veces al día, experimentarás un cambio en la armonía interna.

El amor

Amado lector, amada lectora, quiero mostrarte la importancia del AMOR.

Definición de amor:

Es la facultad innata de crear y crearse un espacio seguro en el que cada cual pueda ser uno mismo, lo que nació para SER (un espacio donde recuperar y conservar facultades perdidas).

El AMOR es la antesala de lo sagrado, el medio privilegiado para la transformación humana.

Es la energía que posibilita colaborar positivamente con el Creador para cuidar y proteger su obra, y permitir un encuentro con Él a través de los seres vivos y de todo lo puro, bello, grande, sano y crecido que encontremos en nosotros mismos y en el entorno.

Es asumir que para apreciar hay que mirar, admirar, adentrarse, abrirse y reconocerse potencialmente en la mirada del otro.

Cierra por un instante los ojos y piensa en lo que sientes al leer esta palabra: *AMOR*.

¿Has dicho alguna vez «TE AMO» a tus padres, hijos, abuelos, hermanos o amigos? ¿Te lo dices a ti mismo?

"Te amo":

¿Recuerdas la última vez que te dijeron «TE AMO»? ¿Te lo han dicho alguna vez? ¿Te lo dijo tu madre? ¿Y tu padre? ¿Te lo has dicho a ti mismo alguna vez?

Busca ahora mismo un espejo, mírate y obsérvate, y di: «TE AMO, ME AMO».

¿Has podido hacerlo? ¿Qué has sentido?

¿Puedes pronunciar estas palabras con facilidad y desde el corazón?

Si creciste en un entorno de miedo, de inseguridad, de culpa o de vergüenza, la respuesta es «Pocas veces» o «Ninguna». Ese gran vacío que sientes en tu interior es por la ausencia de amor.

Es muy probable que te dijeran «Te quiero» o que tú lo dijeras, pero he de decirte que no es lo mismo querer que amar.

El querer es posesión, apego, apropiarse de algo o de alguien. AMAR es lo contrario, permitir, crear espacios, dejar SER.

«La vida es un espejo: si sonrío, el espejo me devuelve la sonrisa. La actitud que tome frente a la vida es la misma que la que tomará ante mí. El que quiera ser amado, que ame». Mahatma Gandhi.

CUANDO ME AMÉ DE VERDAD:

Cuando me amé de verdad comprendí que, en cualquier circunstancia, yo estaba en el lugar correcto y en el momento preciso, y entonces pude relajarme. Hoy sé que eso se llama **AUTOESTIMA**.

Cuando me amé de verdad pude percibir que mi angustia y mi sufrimiento emocional no son sino señales de que voy contra mis propias verdades. Hoy sé que eso se llama **AUTENTICIDAD**.

Cuando me amé de verdad dejé de desear que mi vida fuera diferente y comencé a ver que todo lo que acontece contribuye a mi crecimiento. Hoy sé que eso se llama **MADUREZ**.

Cuando me amé de verdad comencé a comprender por qué es ofensivo tratar de forzar una situación o una persona solo para alcanzar aquello que deseo, aun sabiendo que no es el momento o que la persona (tal vez yo mismo) no está preparada. Hoy sé que eso se llama **RESPETO.**

Cuando me amé de verdad comencé a librarme de todo lo que no fuese saludable, de ciertas personas y situaciones, de cualquier cosa que me empujara hacia abajo. Al principio mi razón llamó egoísmo a esa actitud, hoy sé que se llama **AMOR PROPIO HACIA UNO MISMO.**

Cuando me amé de verdad dejé de preocuparme por no tener tiempo libre y desistí de hacer grandes planes, abandoné los proyectos de futuro. Hoy hago lo que encuentro correcto, lo que me gusta, cuando quiero y a mi propio ritmo. Hoy sé que eso se llama **SIMPLICIDAD**.

Cuando me amé de verdad desistí de querer tener siempre la razón, y por eso erré muchas menos veces. Hoy sé que eso se llama **HUMILDAD.**

Cuando me amé de verdad desistí de quedar reviviendo el pasado y de preocuparme por el futuro. Ahora me mantengo en el presente, que es donde la vida acontece. Hoy vivo un día a la vez, y eso se llama **PLENITUD.**

Cuando me amé de verdad comprendí que mi mente puede atormentarme y decepcionarme, pero cuando yo la coloco al servicio de mi corazón es una valiosa aliada. Y esto es... **¡SABER VIVIR!**

«No debemos tener miedo de cuestionarnos... Hasta los planetas chocan y del caos nacen las estrellas». Charles Chaplin.

Creo que no se puede explicar mejor, Chaplin, es un maravilloso texto. Puedes leerlo tantas veces como lo creas necesario para integrar que el primer pensamiento que debes tener cada mañana al levantarte es el de AMARTE, AMARTE y AMARTE, por encima de cualquier circunstancia.

Es lo más importante, ya que el amor que te das a ti mismo es proporcional al que vas a dar a los demás.

AMARSE A UNO MISMO ES EL PRINCIPIO DE UNA GRAN HISTORIA DE AMOR.

EJERCICIO PARA EMPEZAR A AMARTE:

1.º **Reconoce tu talento:** lo que traemos innato cuando nacemos. Es esa habilidad que tienes de forma natural y que los demás te pagarían por ello, pues solo tú lo haces así. Eres **ÚNICO**.

2.º **Diálogo interior:** observa qué te dices... «Me acepto», «Me valoro», «Me amo». Procura siempre hablarte con cariño, trátate bien.

3.º **Empodérate:** dale más valor a tu opinión que a la de los demás, cree en ti.

4.º **Deja de juzgarte:** sé más comprensivo contigo, perdónate.

5.º **Prioriza:** tú eres más importante que nadie. En el momento en que te abandonas, sientes una pérdida que buscarás en otros, creando relaciones de dependencia. Si pones a los demás por delante, estarás creando un vacío que rellenarás con comida u otra vía de escape.

6.º **Sal y camina, corre, baila, practica yoga:** haz lo que más te guste, treinta minutos del día son para ti, planifica el día dejando este tiempo para ti.

7.º **Cree en ti:** pase lo que pase, sigue adelante. Si te caes, sé valiente y levántate, ¡reconoce lo que has venido a hacer y **HAZLO**!

8.º **Alimenta tu mente, cuerpo y tu alma:** con buenos alimentos, pensamientos positivos y algún momento de relax o meditación.

9.º **Rodéate de personas que aporten**: que tengan buena vibración, que sean optimistas, que te apoyen en tu crecimiento.

10.º **Sé perseverante en lo que quieres hacer**: aunque a veces flojees, SÉ VALIENTE y sigue.

11.º **Asertividad:** aprende a decir «NO» sin sentirte culpable.

12.º **Reclama lo que te pertenece:** utiliza el orgullo para creerte merecedor de lo mejor.

Esta es la parte más importante de todas, ya que es fundamental **AMARNOS**. Te recomiendo que pongas un marcapáginas en este apartado y que trabajes todos los puntos según vayas integrando cada uno como forma de vida para siempre.

Observarás que, de los que te rodean, algunos se quedarán y otros se irán, incluso te criticarán. Has cambiado tu vibración y atraerás a personas que sientan y estén en tu crecimiento.

Piensa en hacer siempre lo correcto, incluso cuando nadie te vea. Da lo mejor de ti. SER tu mejor versión en cada momento te llenará de energía para hacer las cosas bien.

Como haces una cosa, haces las demás.

No es necesario que te salves de un mundo perdido, lo que sí es necesario es que te salves a ti mismo de ti mismo.

No pierdas más tiempo en el pasado, perdona, suelta, trabaja. Piensa en los problemas como desafíos para crecer y evolucionar, míralos desde la perspectiva del *para qué* en vez del *por qué*.

Piensa lo bueno y lo bueno te llegará.

3

EL PODER DEL AMOR

LA VIBRACIÓN DEL AMOR LO CURA TODO:

En Estado Unidos descubrieron sorprendentemente que lo que las células cancerígenas temen es el amor.

Hicieron un estudio que descubrió que muchas personas están enfermas por falta de amor.

El Dr. David Hawkins es un médico muy conocido en Estados Unidos y ha tratado a muchos pacientes en todo el mundo. Él dice que nada más ver al paciente ya reconoce la causa de la enfermedad.

Afirma que es así porque sus pacientes no hablan de amor, solo de dolor, de resentimiento, de frustración, por lo que están atrapados en estas emociones.

El doctor confía en que las personas con frecuencias inferiores a 200hz en su campo magnético son más fáciles de enfermar.

Demostró en su estudio que los pensamientos negativos bajan la frecuencia de vibración y alude a que, desde el punto de vista médico, es increíble que el pensamiento y las emociones tengan tanta influencia en la salud de las personas.

El violonchelista japonés Sean sufrió la temida enfermedad del cáncer. Intentó combatir la enfermedad, pero cada vez estaba peor.

Fijó su mente en amar todas sus células cancerosas de su cuerpo. Lo consideró como un *despertar* con bendiciones y gratitud. Amó la vida. Después de un tiempo, sus células cancerígenas habían desaparecido.

Se convirtió en un famoso terapeuta en Japón.

Como este, más casos se dan cada día.

La esencia de la vida es el amor.

EL AMOR ES LA FUENTE.

Masaru Emoto: Los mensajes ocultos del agua

Masaru Emoto es un científico japonés muy conocido por sus experimentos con el agua y su libro *Los mensajes ocultos del agua*.

En 1994 Masaru realizó experimentos congelando moléculas de agua provenientes de distintas fuentes.

Expuso las muestras del agua a pensamientos, palabras y distintos tipos de música, y fotografió cómo la estructura molecular del agua cambiaba en función de los pensamientos o de la música a la que estaba expuesta.

Enfriaba las muestras de agua a -25 °C, pero no todas las aguas formaban cristales al congelarse.

Por ejemplo, las muestras tomadas del grifo de Tokio no formaban cristales, mientras que las que recogió del monte de Fuji se cristalizaban formando hermosos cristales de hielo.

Además, pidió a unos voluntarios que dirigieran un pensamiento hacia cada muestra: unas fueron expuestas a sentimientos de amor, paz, gratitud, ira, odio y enfado, y cada muestra adoptó una estructura diferente.

SINFONIAS DE MOZART
IMAGENE - JOHN LENNON
AMOR
FUJIWARA ANTES DE ORAR
PAZ
GRACIAS
TE MATARE
FUJIWARA DESPUES DE ORAR

4.

HERIDAS EMOCIONALES DEL PASADO

Todos hemos sufrido algún trauma que nos marcó emocionalmente en el pasado.

Las heridas emocionales se provocan por situaciones que nos generan una emoción intensa de máximo dolor, miedo, abandono, tristeza, etc.

Nuestro cerebro quiere olvidar estas situaciones y eliminarlas de nuestras vidas, como si no hubiesen ocurrido nunca, pues la mente nos protege de esa forma.

Lo que ocurre es que tarde o temprano se manifestarán de nuevo, normalmente repitiéndose alguna situación similar. Como se suele decir, «el pasado siempre vuelve».

Lo más común es que afecten a la autoestima, dando paso a las inseguridades y los miedos.

Las heridas emocionales más frecuentes del pasado son:

-**Miedo a lo desconocido**: se suelen dar cuando los padres o personas del entorno no respetan el miedo de un niño a lo desconocido. Por ejemplo, a quedarse solo, a subirse a algún columpio o a algo nuevo. Es decir, subestiman sus miedos y en el futuro serán adultos que temen los cambios y con muchas inseguridades.

-**Heridas de abandono**: cuando una de las figuras importantes no responde a la seguridad del niño, se siente desprotegido y provoca la formación de un adulto con dependencias emocionales.

-Heridas del rechazo y traición: cuando sienten que sus padres o amigos les rechazan por algún motivo o les prometen cosas que nunca cumplen. De adultos serán personas que no se acepten a sí mismas ni se valoren. Además, si fueron humillados y maltratados, serán unos adultos con baja autoestima y depresión.

No permitas que tus heridas del pasado te transformen en alguien que no eres.

La forma de sanar estas heridas es siempre con el amor, la aceptación, la valoración, la recuperación de la autoestima y, sobre todo, el perdón (perdonar y perdonarte es liberador).

Existe un amplio abanico de técnicas y terapias que te pueden acompañar en el proceso de sanación de estas heridas.

Meditación para sanar tu niño interior

Siéntate en un lugar tranquilo, cómodo y relajado. Con los ojos cerrados, observa tu respiración y deja que fluya.

Dirige la mente para que vaya regresando en el tiempo, año tras año, hasta llegar a la edad infantil. Mírate a los ojos, observa cómo te sentías.

¿Crees que tiene miedo? ¿Se siente indefenso o desprotegido? ¿Qué le falta para ser feliz? ¿Puedes recordar la situación o a la persona con la que se produjo la circunstancia que te hizo sentir así?

Imagina y visualiza a tus padres, hermanos... y pregúntales qué sienten.

¿Tienes algo que decirles en este momento? Habla y di lo que sientes. Están para escucharte, sin juzgarte.

Si ves que tu niño interior siente miedo y está asustado, acércate y dale seguridad, dile que no está solo, que tú estás a su lado. Puede que ahora, como adulto, hables y expreses lo que no has sacado a la luz en tantos años.

Habla con amor, di lo que tengas ahí guardado, exprésate. Ahora es el momento de decir todo lo que te callaste y no dijiste en su día.

Presta atención: si tiene que dar alguna respuesta, escúchale y, si así lo sientes, dale un abrazo.

Os quedáis solos tu *yo adulto* y el niño. Cógele en brazos y dile que le amas, que sabes cómo se siente y que todo está bien, que jamás volverá a estar solo, que estarás para amarle y acompañarle siempre, que está a salvo.

Puedes quedarte todo el tiempo que desees junto a él, sanando heridas.

¿Qué pensaría el niño que fuiste del adulto que eres ahora?

Poco a poco, vuelve poniendo actividad en los brazos y los pies, con una respiración profunda abre los ojos y despierta, quedándote con la agradable sensación de ser amado.

ORACIÓN PARA SANAR EL NIÑO INTERIOR:

«Permito que mi niño interior suelte todo su pasado de dolor y abandono, y que se reconstruya en un adulto feliz que ama y perdona. Hecho está».

Relación entre emociones y enfermedades

Hablo de los principios de la metafísica en los que se ha demostrado que, antes de que una enfermedad se desarrolle en el cuerpo físico, previamente ha pasado por el cuerpo astral (mental-emocional).

Por eso son tan importantes nuestros pensamientos, creencias y emociones.

«El cuerpo habla lo que la boca se calla». Cuántas veces hemos escuchado esta frase.

Es muy importante que, cuando tengas un dolor, no solo busques remedios para eliminarlo físicamente, sino que busques la causa emocional que lo está provocando.

El **dolor** es la culpabilidad en busca de castigo.

A continuación, enumero solo algunas causas emocionales relacionadas con la enfermedad:

-**Dolor de garganta**: miedo al cambio, incapacidad de expresarse, ira.

-**Dolor de hombros**: son características del alma. Si es el hombro derecho, se trata de lo que tú has aprendido y la negación a asimilarlo; pero si es el hombro izquierdo, es lo que tú estás en disposición de aprender.

-**Dolor de estómago**: lo relacionamos a cómo admitimos o digerimos una situación, un problema o incluso a personas.

-**Dolor de cuello**: relacionado con creencias difíciles de cambiar, la flexibilidad negativa de ver otros puntos de vista.

-**Dolores relacionados con el lado derecho**: representan la energía masculina (el hombre, el padre...).

-**Dolores relacionados con el lado izquierdo:** representa la energía femenina, la comprensión, la receptividad de la energía femenina, la mujer, la madre, etc.

-**Dolor de espalda**: representa el apoyo de la vida. Si es en la parte superior, se debe a la falta de apoyo emocional, a la sensación de no ser amado; si es en la parte media, se trata de la culpa, del atascamiento en el pasado; y si es en la parte inferior, refleja el miedo a la falta de apoyo económico.

-**Dolor de articulaciones**: representan cambios en la orientación de la vida.

-**Asma**: deseo de ser mimado, los remordimientos, el complejo de inferioridad, la sensación de ahogo.

-**Dolor de intestino grueso**: el estreñimiento representa el abandono, mientras que la diarrea la idea de que «haga lo que haga, no sirve para nada».

-**Dolor de caderas**: rencor.

-**Dolor de piernas**: temor a avanzar o escasa voluntad de hacerlo.

-**Dolor de rodillas**: confianza y rigidez, incapacidad para someterse, miedo al cambio. Si se trata de la rodilla derecha, está relacionado con el miedo en la vida; y si es la izquierda, se debe a la falta de confianza en uno mismo.

-**Pies y dedos**: apoyo que das o que tú reconoces, la toma de una decisión errónea, la dificultad de avanzar, la imagen que tenemos de nosotros mismos, el progreso.

Estas dolencias son el resultado de muchos años de estudio.

«Sana tu cuerpo».

Louise L. Hay.

5

«COMPORTAMIENTOS EMOCIONALES»

ADICCIONES

Son conductas que sirven para evadirte de un ambiente emocional específico, una forma del subconsciente de decirte que no eres lo bastante bueno.

Intentamos huir de nosotros mismos, no queremos sentir, algo nos resulta demasiado doloroso como para recordarlo... por eso nos enganchamos a algo.

Las adicciones más comunes son al trabajo, a la comida, a las relaciones, al sexo, a las sustancias, al deporte o al juego.

El comportamiento adictivo genera una falsa sensación de libertad.

Normalmente lo relacionamos con algo externo que provoca la reacción de nuestro cerebro a una estimulación de diferentes neurotransmisores asociados al placer inmediato, como la dopamina, la serotonina o las endorfinas.

Tenemos la capacidad de generar estos neurotransmisores de forma natural, pero las personas adictivas buscan sobreestimular estos centros neurológicos a través de sustancias o acciones que acaban transformándose en compulsiones.

Significado emocional de las adicciones:

Las adicciones están relacionadas con el núcleo familiar, la sobreprotección materna y la ausencia del padre (en ambos casos por falta de amor incondicional). Algunos tipos de adicciones frecuentes, derivadas de este conflicto general, son los siguientes:

-**Al alcohol**: está relacionada con el deseo de huir de las responsabilidades físicas o afectivas por miedo a estar herido y ser lastimado otra vez.

-**Al tabaco**: está relacionada con los conflictos de la madre, por vivir en una situación profunda de soledad, la falta de comunicación con la madre, el exceso de protección, la falta de libertad o independencia, etc.

-**Al azúcar**: se debe a la necesidad de endulzar la vida para compensar la sensación de amor. La adicción al chocolate se debe a la necesidad del amor y la dulzura del padre, por conflictos severos con este. Esta adicción supone un verdadero problema porque aparece la obesidad, justificada por tratar de saciar el hambre de amor con comida (cuanto más se come, mayor es el hambre).

-**A las relaciones sexuales**: deriva de un inconsciente familiar y ancestral religioso, de la creencia del *pecado carnal*. Son condicionamientos antiguos, ideologías del siglo pasado de las que debes liberarte.

-**Al trabajo**: está relacionada a vivir con demasiado estrés para no sufrir carencia. «Tengo que demostrar que mi vida es productiva y que reconozcan que valgo para algo».

-**Al ejercicio**: dificultad de aceptarse a sí mismo. Dependencia de su estado físico (fuera) para cubrir y llenar el vacío (interior) de carencia afectiva.

Todas son placeres inmediatos para **calmar la culpa y rellenar un vacío**, porque no nos enseñaron a recibir premios o recompensas por el trabajo constante, a tener paciencia y aceptar los ritmos de la existencia y de la vida.

Si tienes alguna de estas adicciones, debes ir al origen, a la raíz de tu historia familiar, y perdonar por ti y por tus ancestros, para que puedas liberarte de toda esta carga y vivir en plenitud.

> **Ante una adicción, lo primero que tenemos que hacer es reconocer que la tenemos. El siguiente paso es tomar la decisión en firme de ponerle fin.**
>
> **No importa el tiempo que lleves, si das estos dos pasos, ya tienes mucho ganado.**
>
> **Tienes que aceptarte y amarte, sentirte seguro, conocer y estudiar el poder de la mente, confiar en el proceso y, sobre todo, perdonarse, ya que por algún suceso aceptaste la idea de no ser lo bastante bueno y por ello tenías que ser castigado. Te odias a ti mismo.**

ESTUDIOS:

El profesor de psicología Bruce Alexander ha estudiado las adicciones durante décadas y ha obtenido unos resultados sorprendentes, que contradicen todo lo que popularmente se pensaba sobre las drogas adictivas.

En uno de sus experimentos estudió a una rata encerrada en una jaula con dos recipientes de los que podía beber: en uno había agua potable y, en el otro, agua con heroína.

En este ambiente, la rata consumía el agua con la droga hasta la sobredosis y la consecuente muerte.

Hizo el experimento con un grupo de ratas, hembras y machos, que convivían en lo más parecido a un *parque de atracciones* para ratas. Curiosamente, en este ambiente en el que podían jugar, relacionarse entre ellas y reproducirse, solamente bebían agua potable, y ninguna bebió agua con heroína.

Se comprobó con humanos y obtuvo los mismos resultados, demostrando que no es la droga en sí, sino la dependencia del estado conseguido a través de la misma. Este hallazgo confirmó que el ambiente emocional es un factor determinante en el desarrollo de adicciones.

Cuando nos desconectamos de nuestro entorno por no saber gestionarlo emocionalmente, surgen las adicciones como una nueva forma de conexión, empleando una sustancia o comportamiento determinado para establecer una relación de dependencia.

John Grant, psiquiatra y director de la Clínica de Trastornos Adictivos, Compulsivos e Impulsivos de la Universidad de Chicago, afirma que: «Cualquier realidad que reporte una recompensa excesiva, cualquier elemento de efectos euforizantes o calmantes, puede crear adicción».

Que llegue o no a crearla depende de la vulnerabilidad de la persona, influida por la genética, la ansiedad y la depresión, entre todos los factores. No todos desarrollamos adicciones.

Por ello, la bioneuroemoción propone el estudio de la historia familiar y la herencia epigenética para comprender qué predispone a una persona a tener una personalidad adictiva. Esto sería de gran ayuda para comprender cómo superar esta dependencia emocional.

EMOCIONES COMPULSIVAS:

Las emociones compulsivas son aquellas que oscurecen el alma. Actualmente, en el siglo XXI, los *pecados capitales* son considerados adicciones.

-**La lujuria**: es el descontrol de pensamientos impulsivos hacia una malentendida sexualidad (adicción al sexo).

-**La gula**: consumo en exceso de alimentos y bebidas, lo que ahora se denomina bulimia o *comedores compulsivos*.

-**La avaricia o codicia**: es una acción del deseo de poseer bienes materiales sin importar el medio de obtenerlos.

-**La pereza**: es la incapacidad de hacerse responsable de su propia existencia.

-**La soberbia**: es el deseo de ser mejor que los demás, creerse superior que el resto de la humanidad, sobrevaloración del *yo* personal.

-**La ira**: es el odio, el excesivo enfado hacia los demás. Provoca agresividad, discriminación y abuso sexual.

-**La envidia**: es el deseo de tener o poseer lo de los demás.

Otra de las adicciones asociadas a esta oscuridad del alma es la culpa, el resentimiento, pues renuncias a tu libertad, no pones límites, cualquier emoción limitada te mantendrá esclavo, bloqueando cualquier avance hacia la evolución.

¿CÓMO SOMOS DE GRANDES?

No solo somos lo que vemos, el ser humano se divide en varias capas:

-El cuerpo energético o AURA: es una esfera de energía que rodea las células del cuerpo, extendiéndose entre 60 y 120 centímetros más allá del físico, y en él se incorporan siete ruedas de energía conocidas como chakras (más adelante definiré cada uno de ellos). Además, se compone de siete capas, cada una de ellas corresponde a un aspecto de la consciencia y todas están ligadas.

-El cuerpo ETÉREO conectado con el cuerpo FÍSICO: se extiende entre 5 y 15 centímetros más allá del cuerpo y se denomina el *doble etéreo*. Por ejemplo, un miembro amputado se seguirá percibiendo, energéticamente sigue estando. Si esta capa está fuerte, el cuerpo físico se encontrará sano y percibirá sensaciones físicas agradables, como el placer de sentir el cuerpo, la vitalidad, el sexo, los deleites del gusto, el olfato, el oído y la vista.

-El cuerpo EMOCIONAL: donde emergen nuestros deseos, emociones, alegrías, penas, sufrimientos y pasiones (lo visto en páginas anteriores). Las emociones afectan al cuerpo a través del sistema nervioso, endocrino, muscular e inmunitario.

-**El cuerpo MENTAL:** es el responsable de la función intelectual, del consciente, el subconsciente y los recuerdos. Coordina la actividad psicológica y en él se encuentran las ideas, creencias, criterios y conceptos no conocidos que motivan nuestro comportamiento y pueden inhibir nuestro desarrollo. La expulsión de creencias da lugar a una mayor libertad, se siente un gran alivio y un nuevo poder. La mente *consciente* recoge esos aspectos de nosotros mismos y del entorno de los que tenemos conocimiento, mientras que en la mente *subconsciente* se encuentran los pensamientos, recuerdos y sueños que se han reprimido y olvidado, pero que siguen existiendo bajo de la superficie de nuestra consciencia.

-**LA PARACONCIENCIA:** incluye todas las capacidades extraordinarias, como la intuición, la percepción más allá de lo sensorial, la proyección de imágenes, la visión espiritual y la clarividencia. Además, comprende la propia capacidad de compasión.

-**El cuerpo CAUSAL:** en él encontramos la información de por qué estamos aquí en la Tierra, tu objetivo de vida, los talentos y las lecciones que vas a aprender mientras estás aquí.

-**La CONSCIENCIA CÓSMICA Y ESPIRITUAL:** en ella se encuentran nuestros vínculos más íntimos, con aquello que cada uno de nosotros reconoce como DIOS, el gran espíritu o fuerza universal. Es el nivel de la mente divina, el amor incondicional.

Su frecuencia es muy alta, solo accedemos a ella silenciando la mente y escuchando. Si estas capas están fuertes, se constituyen dos capacidades principales: la de tener ideas creativas y la de entender con claridad los conceptos de la existencia, el mundo y su naturaleza. La meditación es una forma de mantener fuertes estas capas, reforzándolas cada día encontrarás la VERDAD suprema y vivirás de acuerdo con ella.

En este punto de la lectura hemos aprendido cómo funciona el cuerpo energético, el cerebro, los pensamientos, las creencias y la importancia de las emociones para nuestras relaciones con los demás y con nosotros mismos. Creo que una parte fundamental para crecer como ser humano es prestarle atención a la autoimagen, que estudiaremos a continuación.

LOS SIETE NIVELES DEL CAMPO AURAL

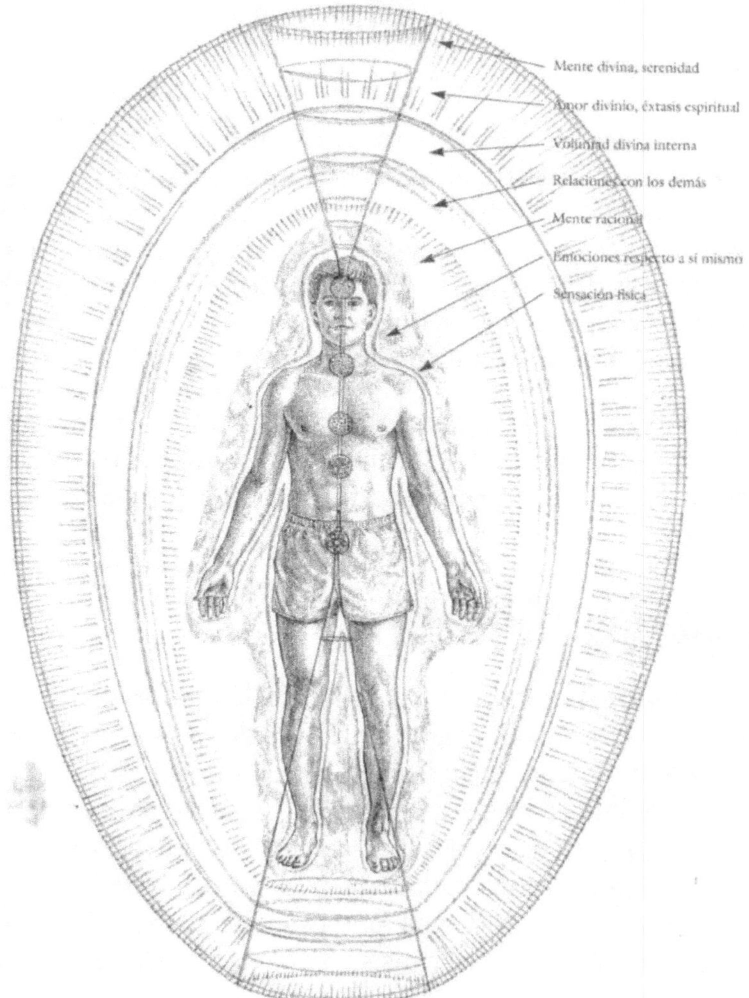

Figura 2-4. Los siete niveles del campo aural.

La autoimagen

La imagen de nosotros mismos se va elaborando a lo largo de nuestra vida, a través de las experiencias personales, la educación recibida, las situaciones vividas anteriormente y la forma de percibirlas, los pensamientos que las han acompañado, los estados emocionales que han provocado y los comportamientos que se han derivado de todo ello.

La formación de la autoimagen se crea no solo con lo que uno opina de sí mismo, sino también con la opinión que creemos que tienen los demás de nosotros.

Distinguiremos tres aspectos:

-**La imagen corporal**: se refiere a las características físicas, como estatura, peso, color de ojos, forma de la cara, color de la piel, agilidad o lentitud, etc. Estas características pueden referirse al aspecto estético («Soy guapa», «Soy gordo», «Soy atractiva») o referirse al aspecto funcional, donde lo que se valora es el rendimiento de algunas partes del cuerpo («Tengo buena vista», «Mis piernas son rápidas para correr»).

-**La imagen de la personalidad**: se refiere a las características o rasgos que describen la forma habitual de comportarse y reaccionar en relación con los demás, tales como la simpatía, la timidez, la independencia o la agresividad. Así es como uno se describe a sí mismo con frases como «Soy introvertido», «Nunca seré un líder», «Resulto simpático», etc.

-**La imagen de las aptitudes**: concierne a cuestiones que describen capacidades, tales como la inteligencia, la habilidad para los deportes, la facilidad para el aprendizaje de idiomas o el grado de creatividad. Nos referimos a ellas como «Tengo un don para la música», «Soy poco ágil para los deportes», «Las manualidades se me dan muy bien».

Si tu autoimagen es buena, es debido a que percibes aspectos positivos de ti mismo en los apartados anteriores y tu nivel de autoestima será alto.

De ahí la importancia de observar el diálogo interior, ya que lo que nos decimos a nosotros mismos será lo que forjemos como creencia.

Si en algún aspecto citado anteriormente te identificas con pensamientos y creencias negativas hacia ti mismo, ¡es hora de CAMBIARLO!

Es fundamental la aceptación de todas nuestras partes:

-**LA FÍSICA:** acéptate tal y como eres, todos somos perfectos como somos. Haz deporte si quieres mejorar algún aspecto, como perder peso, fortalecer las articulaciones, etc. Te mantendrá saludable, pues al hacer un movimiento físico no solo se mueve la estructura, sino que mejorarás tu energía y tu vitalidad. Puedes caminar treinta minutos diarios, bailar, etc. Disfruta moviéndote.

-LA MENTAL Y EMOCIONAL: en apartados anteriores hemos visto y entendido cómo mejorar los pensamientos y las emociones. Hay técnicas de ayuda como la PNL (Programación Neurolingüística), pues facilita el proceso de cambio de creencias, pensamientos y emociones, y como la LTE (Liberación del Estrés Emocional).

-LA ESPIRITUAL: es muy liberador conectar con esta parte, pues nos conduce a averiguar y a llevar a cabo lo que realmente hemos venido a hacer aquí, a entender tu verdad, a servir y a enseñar lo que antes has sanado.

El **YOGA** es una práctica que abarca todas las partes del ser.

Con respecto a la parte física, alinea la estructura, mantiene las articulaciones fuertes, flexibiliza la columna, corrige la postura y estabiliza los sistemas inmune, nervioso, endocrino y circulatorio en perfecta armonía. Esto hace que el individuo muestre un aspecto mucho más saludable y jovial.

En lo que se refiere a la parte mental, los beneficios son innumerables, ya que consigue regular la actividad mental, la respiración y la atención plena en el presente. Nos proporciona calma y quietud, regulando así la emociones y los pensamientos.

Por último, también afecta a la parte espiritual porque se logra el objetivo del yoga, que es una unión total para acceder al subconsciente y hacer evolucionar la consciencia.

La empatía

La empatía significa ponerse en el lugar del otro, ver qué sentirías si te hicieran lo mismo, comprender sus sentimientos, entender por qué actúa de una manera determinada.

Si hemos seguido los pasos anteriores, hemos trabajado sobre nosotros mismos, hemos unido todas nuestras partes, nos aceptamos, nos hemos ocupado de mejorar como personas, los pensamientos, las emociones... hemos sanado heridas y solo así estamos preparados para comprender mejor a los demás.

Uno de los aspectos más relevantes que tener en cuenta es el saber escuchar activamente. Es decir, atentamente, sin distracciones, mirando a los ojos, sin interrumpir, comprendiendo, sin críticas ni juicios, respetando las emociones y los sentimientos.

Trata a los demás como te gustaría que te tratasen a ti.

Esto no significa que suframos por otros, sino entender y comprender sin implicarnos. El sufrimiento de los demás es necesario para su propio crecimiento, no para el nuestro.

Cada uno ya tiene bastante con sus procesos.

«Cada uno que cargue su cruz».

Jesús de Nazaret.

La asertividad

La asertividad es tomar decisiones, hablar claro y honestamente, pedir lo que quieres y saber decir «No» a lo que no quieres. Es aprender a sentirse con valor, capaz, poderoso e interesante por uno mismo.

La persona asertiva también ayuda a los demás a sentirse bien, tratándoles con cariño, amabilidad y respeto.

Ser asertivo supone:

- Hablar honestamente.

- Esperar a ser tratado con respeto y tratar a los demás así.

- Defenderse y cuidarse.

- Mantener la serenidad y el sentido del humor para manejar tranquilamente las situaciones difíciles.

La energía

¿Qué sabes de la energía?

Es la fuerza que tenemos en el cuerpo para movernos.

Si eres una persona sana, al despertar por la mañana tu cuerpo tendrá la energía al máximo nivel después del descanso.

Según avanza el día comienzas a gastar esa energía, al caminar o desplazarte hacia el trabajo o el colegio, al comenzar cualquier actividad diaria, al hablar con los demás, al pensar en solucionar o hacer algo después, etc. Hay que tener en cuenta que las emociones se alteran por noticias o sucesos externos, y también influyen en el gasto energético.

Al final del día, o quizás antes, te sientes cansado, te quedas sin energía, hasta que vuelves a recuperarte mediante el sueño.

A veces interpretarás tener mucha energía como tener las *pilas puestas* o *cargadas*, el efecto de desgaste es el mismo en tu cuerpo.

¿DÓNDE EMPLEAS TU ENERGÍA?

Generalmente, en un día normal la energía se distribuye en el trabajo, la pareja, los hijos, los amigos, los compañeros de trabajo, etc.

Observa: ¿cómo está tu energía? Verás que esta depende bastante de tus pensamientos y emociones.

Si piensas en algo negativo o algo que te cause tristeza, rabia o miedo, la energía automáticamente disminuye. Por el contrario, si piensas en una experiencia positiva y tus sentimientos son de amor, alegría y orgullo, notarás que tienes la energía muy alta.

También observarás que con unas personas estás con más energía que con otras.

Lo más normal es que con las personas positivas y alegres te sientas mejor. Por el contrario, con personas negativas que solo hablan de problemas tu energía disminuirá, e incluso notarás cómo ellas se cargan y tú te descargas.

Seguro que te ha ocurrido alguna vez (o quizás con frecuencia).

A lo mejor no has sido consciente hasta ahora de eso. Te invito a que a partir de ahora seas más consciente de dónde empleas la energía y con quién la compartes, pero sobre todo de cómo mantener tu nivel energético alto.

Esto puede lograrse **observando tus pensamientos**, pues a donde va tu atención va tu energía.

Además de pensamientos positivos, es recomendable una alimentación que aporte energía, hacer ejercicio físico, tener unas horas correctas de sueño y descanso, y apartar la atención de esas personas tóxicas que solo te perjudican.

«Si quieres encontrar los secretos del universo, piensa en términos de energía, frecuencia y vibración».

Nikola Tesla.

DECRETOS PARA ELEVAR LA ENERGÍA:

«Siéntelos con toda la FE».

«YO soy el amor manifestado en cada pensamiento, palabra, sentimiento y acto».

«YO soy luz, energía positiva».

«YO soy la consciencia amando y perdonando».

«YO soy una persona bendecida y próspera. La abundancia me llega fácilmente, fluyo con ella».

«YO puedo y soy la realización, atraigo todas las bendiciones a mi experiencia».

> «YO soy luz y expando luz a todos los seres».
>
> «YO domino mis estados emocionales».
>
> «YO transmuto todo pensamiento negativo con mi pasado».

¿CÓMO MANEJAR LA ENERGÍA?

Para protegerte de un entorno tóxico (trabajo, familia, etc.), te recomiendo que sigas los siguientes pasos:

1.º **PON AUTORIDAD** y no permitas que nadie te cuente *chismes* sobre ti. No entres en conversaciones negativas y, con amabilidad, le dices que si la otra persona quiere saber algo de ti que se dirija a ti. Corta con los chismes y, antes de que te cuenten o cuentes tú alguno, asegúrate de que pasas por los *tres filtros* (lección de Sócrates):

   -La verdad: antes de contar y de que cuenten, asegúrate de que es verdad, has de comprobar que es realmente cierto.

   -La bondad: «¿Es algo bueno?».

   -La necesidad: «¿Es necesario que me lo cuentes?».

Si nos cuentan algo o vamos a contar algo que no cumpla con estos tres requisitos, olvídalo. De esta forma estarás protegiéndote de energías negativas.

2.º **DICES «SÍ» CUANDO EN REALIDAD QUIERES DECIR «NO».** Esto lo haces por agradar, por pertenecer a un grupo o por quedar bien. En el trabajo ocurre mucho por miedo a perderlo, hacemos cosas que no queremos hacer, generando baja autoestima. Otro ejemplo es ir a una fiesta por compromiso, pero realmente no te apetecía ir. Podríamos decir que tus energías son absorbidas por vampiros energéticos y te las dejan por los suelos.

3.º **LIBERA CARGAS**. No eres un superhéroe que pueda con todo, por lo que organizar y planificar sin sobrecargarte te permitirá no perder energía en cosas poco productivas.

4.º **LAS ENFERMEDADES** te debilitan y te hacen perder energía, así como el tabaco, el alcohol, la medicación y las sustancias químicas. Revisa tu alimentación, haz movimiento físico, escoge tus emociones y pensamientos... solo así se pueden prevenir enfermedades.

5.º **EVITA** que los demás te cuenten sus problemas. No eres salvador de nadie si no eres terapeuta, médico, etc. Y si en algún caso te lo cuentan, no te hagas responsable de ningún problema que no sea tuyo. Cada uno tiene que resolver su vida, no te impliques en ellos.

6.º **EVITA BAJONES EMOCIONALES**. De nuevo, ten autoridad. No permitas que te humillen, ni que te hagan daño, ni que te menosprecie nadie, ni que te maltraten. Tú tienes el poder de no permitir ni tolerar, pues *el amor no duele*. No te encierres en tu jaula de excusas, nadie que te maltrata te ama, solo te quita energía.

7.º **PIENSA POR TI MISMO**. No creas que lo que piensan los demás es lo mejor ni te esclavices con religiones ni manipulaciones.

8.º **DEJA DE ENGAÑARTE PONIÉNDOTE EXCUSAS**. No vas a cambiar a nadie que no quiera cambiar, y mucho menos nadie será como tú quieres que sea. Deja que se cree el espacio suficiente para que cada uno sea uno mismo. Valórate, responsabilízate de tu energía, empodérate, rodéate de personas positivas, acepta solo buenas conversaciones y actúa con bondad y amor.

Los chakras

Los primeros escritos sobre el sistema de chakras se encuentran en los primeros textos sánscritos.

Los hindúes han estado realizando imágenes simbólicas del sistema de chakras durante muchos años y lo utilizan tanto en yoga como en meditación.

En el budismo hay muchas referencias a la *rueda de la vida y la muerte* y al *giro de la ley*.

Por su parte, los teosóficos también hacen muchas referencias a este sistema y han escrito mucho sobre su interrelación con la salud física, emocional y espiritual.

Se han establecido correlaciones entre los antiguos jeroglíficos egipcios, de luces circulares por encima de las cabezas, y el *tocado en serpentina* que utilizaban los faraones con el sistema de chakras. La serpiente es el símbolo universal de la *kundalini*, la energía que surge a través del sistema de chakras y lo sostiene.

La religión cristiana, en especial en las enseñanzas de Cristo, se refiere a las *siete luces* y las hace corresponderse con las *frutas del espíritu*, que relacionan el fuego (*kundalini*) con el Espíritu Santo.

Asimismo, los indios americanos incluso se refieren a las *ruedas de la medicina* como el elemento crucial en la salud y el bienestar.

¿QUÉ ES UN CHAKRA?

«En el hinduismo, los chakras son centros de energía inmensurables (no medibles) situados en el cuerpo humano.

»La palabra chakra proviene del sánscrito y significa 'rueda' o 'disco'. Se describe como 'ruedas de luz que giran', 'torbellinos giratorios' o, de forma simbólica, como 'lotos' (flores con diferente número de pétalos en cada chakra y que representan el despliegue gradual del mismo).

»Los chakras traducen los efectos de lo etérico, astral e inputs más elevados en manifestaciones vibracionales biológicas, a través de nuestro sistema endocrino».

Richard Gerber, *Medicina Vibracional.*

La energía vital:

1.º El alma.

2.º Los cuerpos más sutiles de la mente y las emociones, que son simplemente centros de energía cualificados.

3.º El cuerpo vital con sus siete principales centros de fuerza.

4.º El sistema endocrino, el cual es un efecto de los siete centros y el factor de control determinante en el cuerpo físico del hombre.

5.º El sistema nervioso.

6.º El riego sanguíneo.

El sistema de chakras afecta a cada célula de nuestro cuerpo físico, cada célula nerviosa y sanguínea, por lo que influye en todas las funciones psicológicas.

Al trabajar con este sistema, uno abraza todos los aspectos de la humanidad (físico, emocional, mental y espiritual). TODO AFECTA A TODO.

Hay siete chakras principales, cada uno de ellos asociado a un plexo nervioso, a un órgano y a una glándula, y se corresponden también con patrones emocionales y psicológicos particulares.

Estos siete centros energéticos están asociados a un canal de energía que discurre por detrás de la espina dorsal y en paralelo a esta. Son centros inte-ractivos, todos están relacionados.

La enfermedad física aparece en el cuerpo etérico antes de manifestarse en el cuerpo físico.

1. Chakra raíz o base (Muladhara):

-Ubicación: en la zona del perineo, en la base de la espina dorsal.

-Elemento: tierra.

-Color: rojo.

-Color secundario: negro.

-Gemas o minerales: obsidiana, jaspe rojo y turmalina negra.

-Glándulas y órganos: espina dorsal, glándulas suprarrenales, colon, piernas y huesos.

-Función: es el chakra de la supervivencia. Tiene que ver con los mecanismos que mantienen vivo al cuerpo físico: alimento, dinero, trabajo.

-Conflictos de salud: estreñimiento, ciática, zona lumbar.

-Cualidades negativas o bloqueos: inseguridad, falta de compromiso, demasiada preocupación por la supervivencia.

-El sentido: el olfato y los alimentos: proteinas , frutas y vegetales rojos.

2. Chakra del ombligo o sacro (Svadhishthana):

-Ubicación: desde debajo del ombligo hasta el bajo abdomen.

-Color: naranja.

-Elemento: agua.

-Función: procreación, asimilación del alimento, fuerza y vitalidad física, centro de la energía sexual y de las emociones.

-Glándulas y órganos: órganos genitales, ovarios, testículos, próstata, bazo y vejiga.

-Gemas y minerales: coralina, coral, ámbar, citrino y topacio.

-Alimentos: líquidos y frutas anaranjadas.

-Cualidades y enseñanzas: dar y recibir emociones (deseo, placer, amor sexual), asimilación de nuevas ideas, creatividad y tolerancia.

-Cualidades negativas o bloqueos: gratificarse excesivamente con la comida o el sexo, dificultades sexuales, celos, envidia, afán de posesión, impotencia, problemas uterinos y urinarios.

-Este centro rige nuestra capacidad para conectar con el mundo y para ser contactados por él. Es el chakra de la alegría de vivir.

3. Chakra del plexo solar (Manipura):

-Ubicación: sobre el ombligo, debajo del pecho.

-Color: amarillo.

-Elemento: fuego.

-Funciones: es el centro de poder y la sabiduría, vitaliza el sistema nervioso simpático, los procesos digestivos, el metabolismo y las emociones.

-Glándulas y órganos: estómago, hígado, vesícula biliar (sistema digestivo), sistema nervioso y músculos.

-Gemas: citrino, topacio, ojo de tigre y oro.

-Alimentos: almidones, frutas y verduras amarillas.

-Cualidades y enseñanzas: voluntad, poder personal, autoridad, energía, autocontrol, humor y risa.

-Cualidades negativas o bloqueos: tomar más de lo que uno puede asimilar, miedo, ira, odio y problemas digestivos.

-Este centro rige las aspiraciones del «YO», el poder personal. Se acumulan sentimientos de culpa, como de libertad personal o las propias limitaciones.

-Las manifestaciones físicas suelen ser gastroenteritis, infecciones del duodeno, páncreas y hepatitis.

4. Chakra del corazón (Anahata):

-Ubicación: centro del pecho.

-Color: verde.

-Elemento: aire.

-Funciones: preserva la fuerza vital del Ser Supremo, energiza la sangre y el cuerpo físico con la fuerza vital, circulación de la sangre.

-Glándulas y órganos: corazón, timo, sistema circulatorio, brazos, manos y pulmones.

-Gemas y minerales: esmeralda, turmalina verde y rosada, malaquita, jade verde, aventurina verde y cuarzo rosa.

-Alimentos: frutas y verduras verdes.

-Cualidades y enseñanzas: amor divino e incondicional, capacidad de perdonar, aceptación, franqueza y satisfacción.

-Cualidades negativas o bloqueos: represión del amor, inestabilidad emocional, desequilibrios, problemas cardíacos y respiratorios.

-En equilibrio somos capaces de aceptarnos tal y como somos y a los demás como son: «Ama a tu prójimo como a ti mismo».

5. Chakra de la garganta (Vishuddha):

-Ubicación: en el área de la garganta.

-Color: azul cielo.

-Elemento: *akasha* (éter).

-Funciones: la comunicación, la expresión, la clarividencia, el habla, el sonido y la vibración.

-Glándulas y órganos: garganta, pulmones, tiroides, paratiroides, hipotálamo y boca.

-Gemas y minerales: turquesa, crisocola, celestina, topacio azul y aguamarina.

-Alimentos: frutas y vegetales púrpura.

-Cualidades negativas o bloqueos: problemas de comunicación, ignorancia, falta de discernimiento, depresión y problemas de tiroides.

-Es la autoexpresión, la forma de hablar, la relación entre lo que decimos y hacemos, el orgullo del SER.

-Los bloqueos de este chakra se manifiestan con ronqueras y afonías. La afonía se debe a una contracción muscular por el miedo a abrirse, a limitarse, expresando lo que se quiere decir (qué quieres decir y que por miedo no dices).

6. Chakra del tercer ojo (Ajna):

-Ubicación: en el centro de la frente, entre las cejas.

-Color: índigo (azul oscuro).

-Elementos: luz.

-Funciones: vitaliza el cerebro inferior (cerebelo) y el sistema nervioso central (visión).

-Glándulas y órganos: sistema nervioso simpático, hipotálamo, glándula pituitaria, ojo izquierdo, nariz y orejas.

-Gemas y minerales: lapislázuli, cristal de cuarzo y turmalina.

-Alimentos: frutas y verduras de color púrpura.

-Cualidades y enseñanzas: realización del alma, intuición, clarividencia, concentración, tranquilidad, sabiduría e imaginación.

-Cualidades negativas o bloqueos: poca concentración, miedo, problemas oculares, pesadillas, cinismo y dolores de cabeza.

-El chakra frontal es la sede de la intuición, a veces se confunde con el sentimiento.

-A este chakra se le denomina *tercer ojo* porque tras este punto de la frente se esconde un punto cerebral sensible a la luz (glándula pituitaria), que rige los ciclos del día y la noche. Las personas con este chakra muy desarrollado y trabajado son clarividentes y también ven el aura.

El tercer ojo ha de demostrarle al hombre cuál es su camino individual a través de la vida. Este camino se aclara cuando aprendemos de nuestros errores.

7. Chakra corona (Sahasrara):

-Ubicación: en la coronilla.

-Color: violeta.

-Elemento: pensamientos y voluntad.

-Funciones: vitaliza el encéfalo superior y unifica las actividades espirituales.

-Glándulas y órganos: sistema endocrino, glándula pineal, corteza cerebral, sistema nervioso central y ojo derecho.

-Gemas y minerales: diamante, cristal de cuarzo, amatista y alejandrina.

-Alimentos: este chakra se relaciona con el ayuno y frutas y verduras de color púrpura.

-Cualidades y enseñanzas: unificación del Ser Supremo con la personalidad humana, unidad con el infinito, voluntad espiritual, inspiración, sabiduría y continuidad de la consciencia.

-Cualidades negativas o bloqueos: falta de inspiración, confusión, depresión. Puede provocar la entrada a una *secta* por falta de claridad y fe espiritual.

-El chakra corona es donde se asienta la perfección suprema del hombre. Hemos visto cómo nos movemos por unos puntos energéticos que nos permiten relacionarnos con el mundo exterior.

La consciencia del ser

¿Qué es la consciencia? ¿Qué significa tener una consciencia despierta y cómo podemos despertarla en nosotros?

La desconexión con la esencia es lo que nos mantiene la consciencia dormida.

La consciencia es una especie muy particular de aprensión, de conocimiento interior, independiente de la actividad mental.

Esta facultad nos permite el conocimiento de nosotros mismos, nos da un conocimiento de dónde estamos, de lo que realmente sabemos. El hombre es el único que puede llegar a conocerse a sí mismo.

Se dice que una persona con la consciencia dormida es la que vive de forma automatizada, sin poner plena atención en lo hace.

El ser humano puede despertarla inesperadamente en algún momento de peligro supremo, en alguna intensa emoción, en una situación límite.

Sabes que la consciencia está dormida cuando no das sentido a tu vida, te sientes aburrido y distraído con la televisión y sin motivación alguna, haces siempre lo mismo y te das cuenta de que no es la vida que quieres vivir. El hecho de darte cuenta ya es un paso para despertarla.

EL DESPERTAR ESPIRITUAL:

Es el momento en el que tu SER vuelve a conectar con la fuente superior universal.

Los seres humanos dividieron y adjudicaron esta energía a las religiones, creando cada uno su propio dios.

Desde el ego crearon también limitaciones a la sociedad, y digo limitaciones porque la energía del universo es infinita y los humanos crearon límites en todo y entre ellos, levantando fronteras y separándose. El universo es unión, es un campo cuántico, por eso solo hay una sola consciencia, de ahí viene la frase de que «Todos somos uno».

No me refiero a las religiones como algo negativo, ya que aportan fe, esperanza, solidaridad, principios y enseñanzas que ayudan a la humanidad.

Paralelamente, la vida se divide en dos partes: una en la que el alma, para crecer, va superando pruebas y exámenes que le quedaron por aprobar en vidas anteriores; y la otra parte es la de cumplir lo que el alma anhela, el propósito o camino de vida, que es la forma en la que vas a ayudar a otros a entender esto (lo que conocemos como *dejar un legado*, unas *enseñanzas*).

Cada individuo es diferente y entiende la vida de diversas maneras, pues antes de encarnarnos ya contamos con un plan de vida para la evolución de nuestras almas.

Como mencionamos anteriormente, hemos de diferenciar entre espiritualidad y religión:

-La religión cree en la existencia de Dios, somete al espíritu a dogmas, pide, necesita y divide al ser.

-La espiritualidad siente a Dios en todo, se libera de todo dogma, da y se siente completa, expande al ser en uno.

Así pues, la religión y la espiritualidad son experiencias internas diferentes que afectan solo a los seres humanos: mientras la religión es lo que se inculca como creencia, la espiritualidad es lo que se experimenta en el ser.

«Dios no es una religión, Dios es espíritu»

(Juan, 4:24).

Me crie en una familia creyente en la religión católica. A los treinta años me inicié en el *reiki*, una técnica japonesa en la que conectas con la energía universal y, por imposición de las manos, transmites esa energía.

De esa forma conecté con la espiritualidad. Al principio me creó mucha confusión, pues no diferenciaba al Dios que empezaba a sentir en mí del Dios que me inculcaron en mi familia.

Poco a poco profundicé más en la técnica y fui elevando la vibración en los siguientes niveles, hasta darme cuenta de la libertad que se siente cuando conectas con la energía superior del universo y eres uno con todo.

Esa fue mi forma de conectar con la espiritualidad. Existen muchas otras prácticas que puedes sentir según tu intuición.

Seguro que ahora te preguntas: «¿Y cómo puedo saber cuál es la que mejor se adapta a mí?». Si has tomado ya la decisión, la práctica te encontrará y empezarás a ver señales en todas partes. Déjate guiar por tu intuición, esa vocecilla que nos habla y nos impulsa a hacer las cosas.

Si estás leyendo este libro seguro que alguna vez has tenido una experiencia espiritual de niño, o bien hace poco y por eso nos encontramos.

Puedes probar a meditar con *mindfulness* o yoga, a recibir una sesión de *reiki*... así experimentarás cómo ir conectando poco a poco con esta energía, que para mí es sanadora.

Observa todo tu mundo alrededor, también te ayudará cuidar el medio ambiente: recicla, mantén limpia tu casa, las calles de tu ciudad o pueblo, viaja en medios de transporte, utiliza más la energía solar, regula el gasto de agua, etc.

En definitiva, una iniciación o alguna práctica espiritual te acompañará en el despertar.

Maestros ascendidos como Buda o Jesús vivieron con una consciencia elevada toda la vida.

El ser humano tiene normalmente un 3 % de consciencia despierta y un 97 % de consciencia dormida.

Quien quiera llegar al mundo interno, quien quiera llegar al despertar de la consciencia, tiene que dejar morir el ego enfrascado, pues solo así podrá elevarse y comenzar a escuchar al alma.

El miedo de algunos no les permite ver la tendencia espiritual que conduce a la evolución humana, a pesar de que la mayoría de las personas quieren la paz y la abundancia para todos.

Cada vez más seres humanos deciden que hay una manera de vivir desde la compasión y el amor en la Tierra.

NIVELES DE CONSCIENCIA:

Existen cuatro niveles de consciencia: sueño, vigilia, autoconsciencia y consciencia. El ser humano solo vive dentro de las dos primeras.

El despertar de la consciencia es el camino de la transformación interior, pero... ¿cómo saber si nos encontramos en el despertar de la consciencia espiritual?

Estos son algunos síntomas que nos ayudarán a reconocer si estamos en ese proceso de cambio:

-Patrones de sueño cambiantes: inquietud, despertarte dos o tres veces por la noche, sentirse cansado después de despertar y somnoliento de vez en cuando durante el día.

-Actividad en la corona de la cabeza: como picazón, una sensación de energía vibrando encima de la cabeza, presión (como si te apretaran con los dedos en la parte alta de la cabeza), pitidos en los oídos... todos son síntomas de que el séptimo chakra se está activando y recibiendo energía divina.

-Cambios emocionales: por ejemplo, enfadarse o sentirse triste por algo mínimo, o deprimirse sin ningún motivo. Puede que se te congestione o sientas presión en el pecho (en el cuarto chakra, el de las emociones), pues estás limpiando tu pasado. Procura gestionarlo y fluir.

-La depresión: va ligada con permitir soltar relaciones, personas, trabajos, etc., que ya no coinciden con nuestras frecuencias y vibración. Cuando nos sentimos culpables por dejar esas relaciones, la depresión medica el dolor.

-Cambio de peso: a menudo subimos de peso porque muchos miedos que hemos suprimido van surgiendo a la superficie para ser sanados, y reaccionamos construyendo una defensa y aumentando el volumen, para soportar las frecuencias crecientes en nuestros cuerpos. No te asustes, cuando los miedos sean sanados y aceptemos el momento, el peso se regulará.

-Cambios de hábitos alimenticios: podrán aparecer deseos extraños y opciones de comidas insólitas. No le niegues al cuerpo lo que necesita o surgirán intolerancias y/o alergias que no hayas tenido antes.

-Se amplificarán los sentidos: por ejemplo, aumentará la sensibilidad en la vista (al cerrar los ojos se podrán ver colores o formas geométricas). No te asustes, acepta la adaptación a la nueva visión. Además, la audición se volverá más sensible y podrás escuchar pitidos, zumbidos o timbres, y también se puede tener dislexia auditiva (no entender lo que te están diciendo). Ten paciencia, los oídos se están ajustando a las nuevas vibraciones y frecuencias.

-Sentidos del olor, el tacto y el gusto: se podrán detectar aditivos químicos en algunas comidas y puede haber comidas que te sepan muy sabrosas. También aumenta la captación de ciertos olores, especialmente cuando son fragancias (los perfumes y colonias pueden ser muy intensos). Asimismo, pueden darse erupciones en la piel, moratones, urticaria o eczemas. Si hay alguna emoción reprimida, tu piel se encargará de manifestarse hasta solucionarlo. Esto se producirá cuando se den episodios de baja o intensa energía, por lo que déjalos pasar adaptándote a la nueva energía. Para ello puedes conectar con la naturaleza o meditar.

-Sueños: a veces pueden ser tan reales que dan lugar a confusión. Tener sueños lúcidos puede revelarte algún mensaje.

-Acontecimientos que alteran por completo nuestra vida: divorcios, muertes, cambios de trabajo, enfermedades, perder el hogar o catástrofes. A veces se juntan varias a la vez.

-Presagios, visiones, ilusiones, símbolos, números: con esto me refiero a ver con frecuencia los mismos números (como «11.11» o «22.22»). Son símbolos que se repiten, obsérvalos porque todo tiene un significado y aprende a descifrarlos.

-Habilidades intuitivas aumentadas: sincronización con personas telepáticamente, pensar en alguien y tener noticias de ella, canalizaciones, etc.

-Sentirte uno con la naturaleza y los seres vivos.

-Deseos de que aparezca el alma gemela: es decir, la persona que esté en tu camino y vibración. Mantén el deseo en el alma y aparecerá sin apegos.

-Recordar experiencias de vidas pasadas.

Una vez que despertamos la consciencia espiritual, veremos la vida desde otra perspectiva, rompiendo paradigmas. Puede crear ansiedad, ya que muchas veces, por las creencias, limitamos el sentir y fluir con la nueva vibración energética.

TÉCNICA PARA EL DESPERTAR DE LA CONSCIENCIA:

1.º Sujeto: no olvidarse de sí mismo, autovigilarse en cada momento. Indica el estado de alerta con tus pensamientos, acciones, hábitos, palabras, etc. Si no controlas los sentidos y la mente, vuelves a caer en el sueño de la consciencia.

2.º Objeto: observación de todos los objetos y representaciones que, por medio de los sentidos, llegan a la mente. Observa el entorno, las cosas que te rodean, pero sin fascinarte con ellas, porque te olvidarías de ti mismo. Si te identificas con el objeto, llevarás la atención al objeto y te separas de nuevo de ti mismo. Así pues, observa sin apegos.

3.º Lugar: mirar observando todo como si fuera nuevo, la casa, el trabajo... y preguntarte por qué estás aquí. Recuerda que la naturaleza tiene siete dimensiones: dentro del mundo tridimensional reina la ley de la gravedad, y dentro de las dimensiones superiores existe la ley de la levitación. Al observar un lugar, pregúntate en qué dimensión estás.

Repite, observa y practica esta técnica tantas veces como sea necesario para integrarlo en el subconsciente. La vida es como una película, las escenas pasan y se resuelven, no te identifiques con las circunstancias.

El tiempo

¿ERES CONSCIENTE DE CÓMO EMPLEAS TU TIEMPO?

Repasa un día cualquiera de tu vida, desde la hora en la que te levantas hasta la hora en la que te acuestas.

¿Cuánto tiempo productivo empleas en el trabajo? Con *productivo* me refiero a ponerle toda la atención, sin despistes como salir a fumar, mirar internet o redes sociales, etc.

¿Cuánto tiempo dedicas a tu familia? ¿El tiempo que pasas con ella es real? ¿Es pleno?

¿Cuánto tiempo empleas en aprender y formarte?

¿Cuánto tiempo dedicas a hablar de temas positivos y de crecimiento?

¿Cuánto tiempo dedicas al ocio, amigos y aficiones?

¿Cuánto tiempo te dedicas a ti? A conocerte, a crecer, a cuidarte, a mejorar como persona, etc.

Haz una valoración de todo el tiempo que se pierde en ver redes sociales sin fundamento, en escuchar problemas de otros que no te corresponden, en no prestar atención plena a lo importante.

Reflexiona y valora el tiempo, porque es lo único que se pasa y no existe eso de *recuperar el tiempo perdido*.

En estudios realizados en personas a punto de morir, les preguntaron sobre su vida y todas se arrepintieron de no haber valorado más el tiempo, de no habérselo dedicado a las personas que amaban y les hacían más felices. En definitiva, de no haberlo disfrutado más.

Después de reflexionar sobre esto, ¿qué cambios vas a hacer en tu vida?

¿Seguirás pegado a la televisión, tumbado en el sofá, viendo programas de *entretenimiento* y chismes sin sentido?

¿Seguirás con la pareja que no te respeta, que te humilla y que encima dice que te quiere?

¿Perderás el tiempo con esos *amigos* tóxicos que solo te llaman para fiestas y para contarte sus problemas?

¿Seguirás en ese trabajo en el que pasas ocho horas y en el que no aguantas ni al jefe ni a los compañeros?

VALÓRATE, VALORA TU TIEMPO, VALORA TU VIDA.

DESPIERTA LOS SENTIDOS

¿Te has dado cuenta de que todo es CAMBIO?

Desde que naces hasta que mueres.

Vivir conscientemente significa estar presente en cada momento.

Sal a un parque, a un bosque, al campo, a pasear por el mar... y ABRE LOS SENTIDOS.

Abre los ojos, observa la magia de la naturaleza, las hojas, sus formas, las flores, el agua. Dependiendo de la estación del año, observarás un paisaje diferente: en otoño las hojas caen; en primavera todo florece...

Abre los oídos, escucha el viento, el canto de los pájaros, el susurro de las ramas de los árboles, el sonido del agua correr si hay una fuente, un arroyo o las olas del mar. Quizás está lloviendo o brilla el sol.

Abre tu olfato, inhala el aire, huele el perfume de las flores, las hojas, el agua.

Abre el tacto, siente y percibe cómo la brisa del viento te acaricia la cara y las manos. Siéntelo por todo el cuerpo, incluso si estás descalzo, siente el tacto y la conexión de la piel con la tierra.

Abre el sentido del sabor, las sensaciones que te aportan los demás sentidos harán que tu boca salive y puedas percibir el sabor de la paz, la armonía y la tranquilidad.

CONSEJOS DE BUDA PARA VIVIR MEJOR:

1.º Las cosas son como son, nuestra resistencia es la principal causa de nuestro sufrimiento. Esto sucede cuando nos resistimos a ver las cosas tal y como son. Si no puedes hacer nada, relájate y no luches contra la corriente, acéptalo.

2.º Si crees que tienes un problema, míralo desde el punto de vista del aprendizaje.

3.º El cambio empieza en ti mismo, tu mundo exterior es un reflejo de tu mundo interior. Las cosas cambian cuando tú cambias.

4.º El fracaso no existe, de los errores se aprende. Son lecciones.

5.º Si algo no sucede como estaba previsto, significa que algo mejor está por llegar. A veces miramos atrás y nos damos cuenta de que era lo mejor que nos pudo pasar.

6.º Aprecia y sitúate el momento presente, y no olvides arreglar el pasado.

7.º Practica el desapego. El sentirte apegado a algo o alguien es sentirte esclavo del deseo, suelta y cambia «Necesito» por «Me viene bien».

8.º Acepta tus miedos, supéralos, cámbialos por amor y sé agradecido.

9.º Sitúate en la alegría, aunque el momento sea difícil. Observa desde el aprendizaje, atraerás más situaciones de felicidad.

10.º No te compares, has venido a cumplir una misión tan importante como la de otra persona.

11.º No eres víctima, eres creador de tu vida, responsabilízate de ella. En vez de «¿Por qué?» pregunta «¿Para qué?».

12.º TODO CAMBIA, nada dura para siempre.

13.º Todo es posible, confía en ello, crea tus milagros. TÚ Y SOLO TÚ PUEDES CAMBIAR TU MUNDO.

14.º No hagas a los demás lo que no te gustaría que te hicieran a ti.

15.º No temas a la muerte, vive de forma impecable.

MIS BENDITOS DESAFÍOS DE VIDA

Fui una niña traviesa y alegre, ciertos momentos marcaron mi vida.

Con nueve años me llegó el periodo sin avisar, demasiado joven. Mi mente no estaba preparada para ese momento, mi cuerpo se desarrollaba y mi mente era aún la de una niña.

Con catorce años, una doctora de cabecera me puso a dieta de 1200 calorías.

En el viaje de fin de curso todos comían bufet, lo que querían. Un día, cansada de comer lechuga y filete a la plancha, me comí seis huevos fritos, acto seguido mi estómago reaccionó y vomité.

Ese fue el comienzo de la bulimia, descubrí que podía comer lo que quisiera y después vomitarlo.

A los diecinueve años, un accidente con los *cars* marcó mi columna vertebral, causándome una hernia discal en la parte baja. Me operé con veinte años, con esa edad estás fuerte y te comes el mundo.

Nada más recibir el alta fui directamente a firmar el contrato de verano de suplencias a otro hospital, en el que trabajé veinticinco años como técnica auxiliar de enfermería. Comencé con contratos eventuales, hasta que aprobé la oposición y obtuve la plaza fija en este mismo hospital.

Me casé y tuve dos hijos. Después del parto de mi segundo hijo, me volvieron a operar de la columna para fijarme las vértebras con placas y tornillos (artrodesis se llama la operación).

A los dos años se me calcificaron las cabezas de los fémures de las caderas y me operé solo el lado izquierdo. Las recuperaciones fueron muy lentas y dolorosas, tomaba mucha medicación para el dolor.

En ese momento mis hijos eran muy pequeños, tenían cuatro meses y tres años. Fueron tiempos duros.

Así iba cumpliendo años y creencias: casada, con hijos, un trabajo fijo, coches, una buena casa, etc.

A los treintaiséis años, una amiga me hablo del *reiki*, una técnica japonesa que canaliza energía universal por imposición de manos. Hice el primer curso, que me quitó la venda de los ojos. Fue mi primer *despertar*.

Seguí con mi formación como maestra, continué estudiando kinesiología, *coaching* emocional y yoga. Todo con un objetivo: SANARME.

Buscaba una cura a la bulimia y a las secuelas de la operaciones. Busqué y busqué... probé muchas técnicas energéticas, naturales y espirituales. La más efectiva y la que más utilizo es la kinesiología.

Es una técnica integradora holística que utiliza las variaciones en la tensión muscular: desde un impulso eléctrico, el músculo reacciona, dándonos información del subconsciente y llegando de forma directa a la raíz de cualquier problema, dolencia, trauma o desafío.

Resuelve emociones, creencias y límites con infinidad de arreglos, tales como la conocida PNL (Programación Neurolingüística), afirmaciones positivas con esencias florales, *tapping* y un largo etcétera. Sin duda, son técnicas muy efectivas.

Al principio estaba confundida, pues aunque los cursos y las formaciones me entusiasmaban, no obtenía los resultados que yo deseaba, y seguía buscando y buscando.

Éramos un matrimonio muy creyente y nos esforzábamos los dos cada día por cumplir más y más creencias. Sobre todo los últimos años se basaron en sobreesfuerzos por mantener y cumplir con ellas: «Un matrimonio es para toda la vida», «Hay que aguantar por los hijos»… Así una larga lista.

Un día me desperté y algo me dijo que no podía continuar. Aun así, pasaron algunos meses hasta que finalmente di el paso y tomé la decisión de acabar de manera definitiva con la relación. Ha sido la decisión más dolorosa que he tomado y fueron unos años muy duros de duelo, de los que más he aprendido.

Anteriormente había pedido una excedencia en el hospital en el que trabajaba para dedicarme a mi camino de vida: ayudar y acompañar a los demás en su despertar espiritual, a reencontrarse con su SER.

Cuando me separé, emprendí y fundé un centro de yoga y técnicas naturales: KITARA.

Al mes apareció en mi vida el AMOR. Lo pongo en mayúsculas porque fue algo completamente diferente a lo que había entendido hasta ese momento, pero de eso hablaré en el próximo libro, *Corazones abiertos*, pues es una historia para contarla con muchos detalles.

KITARA, mi centro de yoga y técnicas naturales, era un sueño al que aspiraba desde que comencé con la formación en estos campos, hacía ya más de diez años.

Amado lector, amada lectora, la historia está basada en que, cuando **aceptamos, entendemos el porqué de los desafíos de la vida. Conectamos con los anhelos del alma y nos dejamos guiar por ella, entonces todo cobra un sentido.**

No digo que sea fácil, digo que es posible, viendo las dificultades desde el modo de aprendizaje y, por supuesto, con el apoyo en mi caso de la kinesiología.

Lo más importante es estar dispuesto a dar el paso del cambio, querer realmente salir de la zona de confort.

> *Me he sanado, he crecido, me he ocupado de entender el porqué de mis desafíos. Salí del sufrimiento, del victimismo, del apego. me he empoderado, dejé de engañarme con creencias limitantes... hasta encontrar el AMOR QUE HAY EN MÍ.*

SI YO PUEDO, TÚ PUEDES.

Pasé por desafíos desde el victimismo y fue muy doloroso. No comprendía por qué tenía que sufrir tanto, pero hasta que no acepté y entendí el aprendizaje no dejé de sufrir.

Mi gran desafío en este momento es escribir este libro, que lo leáis billones de personas, que aporte claridad, comprensión y entendimiento. Quiero transmitirte que no estás solo o sola, la gran mayoría de las personas de ahí fuera están pasando por desafíos como los que tú estás pasando.

> **La diferencia entre otros y tú es que unos seguirán igual y tú ya has decidido cambiar. Te doy la enhorabuena, por valiente.**

LA TRANSFORMACIÓN:

Llegar a ser mariposa podría parecer sencillo para quien no haya estudiado minuciosamente la metamorfosis, pues el proceso de crecer es doloroso: romper el capullo, arrastrarse, sacar las alas poco a poco...

Es una lucha para no morir y sin poder aceptar que alguien te ayude. Todo depende solo de tu propio esfuerzo y de tener una buena voluntad, agradable y perfecta. Lograr estirar las alas y volar es un gran desafío.

Para alcanzar nuestra madurez espiritual necesitamos de una metamorfosis. La transformación progresiva de oruga a mariposa nos conducirá al conocimiento de la verdad, recordarás quién eres y a qué has venido. Ten FE.

«Pide y se te dará».

Jesús de Nazaret.

Justo cuando la oruga pensó que era su final, se transformó en mariposa.

EL VICTIMISMO

El victimismo aparece cuando le das el poder a otro de dirigir tu vida:

-TE JUSTIFICAS: «Total, no es para tanto», «No me lo merezco», «Ya cambiará», «No estoy tan mal como me creo», etc.

-CULPAS o TE CULPAS: «Mira lo que me ha hecho», «Lo hice mal», «¿Te quejas? Siempre estás en disconformidad», «Pesimista», «Es que...», etc.

-¿TE RINDES?: «No puedo... es muy difícil», «Se presenta mucha gente, no lo conseguiré», etc.

Todo lo malo te ocurre a ti, te haces preguntas del tipo «¿Por qué a mí?» y te reafirmas en frases como «No levanto cabeza, es que todo me sale mal» o «No me tienen en cuenta».

Si te identificas con todo lo anterior, está claro que te sientes una víctima.

¿Y cómo sales del victimismo? Si reconoces que lo sufres, ya es un paso para salir.

SIEMPRE HAY QUE DAR EL PRIMER PASO.

Comienza a asumir la responsabilidad de tu vida aceptando que solo tú eres el responsable de ella.

Teniendo en cuenta que **lo que CREES lo CREAS**, empieza a creer que cortas con esa energía de víctima y que a partir de ahora empiezas a tomar tus propias decisiones. Hazte grande...

Cuando eras un niño no tenías opciones, pero ahora eres adulto y no importa qué sucedió en el pasado, sino lo que hagas ahora.

SOLO TÚ PUEDES CAMBIAR TU REALIDAD Y TU VIDA. ¡HAZLO AHORA!

EL SUFRIMIENTO:

Podría definirse como el hecho de padecer un dolor físico, emocional o moral. Es la sensación consciente o inconsciente que refleja padecimiento, agotamiento o infelicidad.

El sufrimiento está acompañado de emociones como la frustración, la ansiedad o la preocupación. Es estar en el futuro y una falta de felicidad continua, una falta de energía.

Y... ¿cómo se sale del sufrimiento?

Pues aceptando que el dolor de los demás es necesario para su propio crecimiento. Hablo de familiares, hijos, parejas, amigos y, por supuesto, nosotros.

Aprende a mirar las situaciones desde el aprendizaje. Como te he dicho en las anteriores páginas, en vez de preguntar «¿Por qué?», pregúntate «¿Para qué?».

EL APEGO:

Lo definiremos como el lazo emocional y afectivo que surge entre dos individuos y que genera la voluntad de permanecer cerca o en contacto con el otro (por lo general cercanía física).

Cuando se crea un excesivo o insano apego es cuando se crea el miedo a quedarse solo, dependiendo casi de la total presencia de esa persona, animal o cosa.

«Somos lo que hacemos con lo que hicieron de nosotros».

Jean-Paul Sartre.

«La vida es un espejo: si sonrío, el espejo me devuelve la sonrisa. La actitud que tome frente a la vida es la misma que la que tomará ante mí. El que quiera ser amado que ame».

Mahatma Gandhi

EL EGO

El ego es una falsa imagen de ti mismo y se resumen en el conjunto de creencias y pensamientos no verídicos. Además, vive separado del alma y solo tiene poder en la medida que tú se lo das.

Es el que piensa que enfermas, el que te dice que no puedes, el que te culpa y te castiga, el que hace florecer los miedos y te debilita. Cree en la escasez y el sufrimiento.

Si vives desde el ego, tus decisiones y tu vida van a estar fundamentadas en el miedo, tu experiencia será de dolor y sufrimiento y vivirás en conflicto, permitiendo que otras personas controlen tu vida. Es decir, dependerás emocionalmente de otros.

Es un conjunto de las actitudes negativas que has adquirido de tus padres, maestros, la sociedad y figuras de autoridad que estuvieron en tu vida.

Todas las acciones y comportamientos emocionales, mentales y físicas hacen daño. El ego es infeliz, no perdona, condena.

Identifica cuándo es EGO y cuándo es SER:

EL EGO		SER (consciencia)
Personalidad		Esencia
Yo		Nosotros
Separación		Unidad
Culpa		Responsabilidad
Hostilidad		Amistad
Resentimiento		Perdón
Orgullo		Amor
Queja		Gratitud
Celos		Felicidad mutua
Ira		Felicidad
Poder		Humildad
Pasado		Presente

SER IMPORTANTE ES DEL EGO,
SER FELIZ ES DEL ALMA.

6

EL ALMA NO MUERE

Numerosos científicos confirman la existencia del alma y aseguran que esta no muere, sino que regresa al universo.

Desde 1996, los doctores Stuart Hameroff y Roger Penrose trabajan en una teoría cuántica de la consciencia, basada en que el alma se encuentra contenida en estructuras denominadas *microtúbulos*, alojadas en las células cerebrales.

La idea nace de que el cerebro es una computadora biológica con billones de neuronas, cuyas conexiones sinápticas actúan como redes de información.

Sus conclusiones señalan que nuestras experiencias son el resultado de los efectos de la gravedad cuántica en los microtúbulos, un proceso al que llaman *reducción objetiva orquestada* (Orch-Or).

La comunicación entre neuronas mediante la secreción de neurotransmisores se realiza a través de vesículas sinápticas distribuidas a lo largo de sus axones. El citoesqueleto de las neuronas juega un papel importante en la dinámica de estas vesículas.

Hameroff y Penrose proponen que los microtúbulos, las unidades más pequeñas del citoesqueleto, actúan como canales para la transferencia de información cuántica, responsable de la consciencia.

El alma en sanación:

El alma llega a esta vida con propósitos de sanación, liberación y evolución. Eres la misma alma, pero en diferente cuerpo.

Con esto quiero decir que si estamos en este plano físico es porque nuestra alma debe sanar antiguas heridas de otras vidas. Si te queda algo por sanar en esta vida, deberás volver a otro cuerpo en tu próxima vida a sanarlo, y así hasta que tu alma quede libre y transcienda, como los maestros ascendidos Jesús, Buda y demás conocidos.

Dicho de otra manera: venimos a aprender. Nuestros desafíos y dolores de vida son los exámenes que iremos superando. Si no los aprobamos, repetiremos curso, así hasta que aceptemos y hayamos aprendido de ello.

Si no lo conseguimos, el universo, Dios o como tú lo llames, nos pondrá más pruebas de lo mismo.

Cuando antes entendamos esto, antes nos responsabilizaremos de nuestra vida y nos liberaremos.

Tienes que entender que las personas que te rodean son también almas que te encontraste en otras vidas y que en esta os volvéis a encontrar. Con algunas tendrás relaciones amables, mientras que con otras tendrás cuentas pendientes que solucionar. A esto lo llamamos *karma*.

Revisa todas esas relaciones que no entiendes, la razón de por qué os lleváis así o por qué actúas con unas personas de una forma y con otras de otra.

Ahora que sabes el porqué de la existencia, ponte manos a la obra para sanar y liberar tu maravillosa alma.

Acepta, perdona, aprende de los desafíos, agradece a las personas que están en tu camino y a las que ya no lo están.

El perdón

Perdonar no significa que la otra persona tenga razón, sino que tu alma se libera del rencor que haya podido generar la situación.

Te perdonas a ti mismo por haberlo permitido, por la falta de amor.

Para sanar tu alma, lo más importante es perdonarte, pero... ¿cómo sabes si te has perdonado?

EJERCICIO:

Delante del espejo PÁRATE, MIRA TU ALMA A TRAVÉS DE TUS OJOS y si al mirarte sientes paz, te sonríes y te reconoces tu alma llena de amor y de luz, entonces estarás conectado con tu esencia.

Así es más fácil reconocerte, saber qué es lo que has venido a hacer en este mundo y sentir tu propósito.

Pronuncia con la mano en el corazón «YO AMO MI ALMA». Repítelo tantas veces como sientas, es fundamental amarla para estar en paz.

Es ese instante en el que estás pleno, lleno y satisfecho, sonreirás y no pararás de hacerlo porque entenderás la verdad, tu verdad, la de saber quién eres.

Es el sentimiento más maravilloso que pueda existir como ser humano.

El rencor levanta muros, el perdón abre puertas liberadoras.

La gratitud

El superpoder de la gratitud: acerca mientras que el resentimiento aleja, está ligada a la abundancia mientras que la necesidad se relaciona con la escasez.

La regla de oro para recibir lo que deseas en tu vida es agradecer lo que ya tienes: agradece antes de comer por ser afortunado de poder alimentarte; la ropa que te pones cada día; si estás estudiando o trabajando; por tus amigos y familiares... Agradece cada día que estás vivo, sin duda el universo te compensará con más de lo mismo.

Cierra los ojos, inhala aire profundamente, retenlo y, exhalando despacio, mira hacia el cielo sonriendo y repite: «GRACIAS, GRACIAS, GRACIAS».

Siéntete inmensamente feliz por todo lo bueno que ya tienes, repítelo tantas veces como lo desees y especialmente cada mañana al despertarte. Verás cómo comienzas a ver cambios en tu vida.

La gratitud llama a la gratitud, obsérvate y, cada vez que te quejes, cámbialo por agradecimiento.

Reto: te propongo estar un día, veinticuatro horas, sin quejarte. Puedes escribir las veces que te pillas quejándote y conscientemente cambiarlo por agradecimientos. Si consigues pasar un día sin quejarte, te felicito. Puedes repetirlo tantas veces como lo sientas para integrarlo como un hábito nuevo en tu vida.

Práctica diaria: empieza cada día dando las gracias, pues te llenará de energía y te facilitará gozar de grandes posibilidades. Antes de dormirte, repite: «Gracias, gracias, gracias».

La aceptación

La **ACEPTACIÓN** es lo máximo que te puedes aproximar a un amor sin condiciones. Es un estado mental y es acción.

Todo es posible cuando no evitas, ni niegas, ni te justificas.

Debes aceptarte a ti y a los demás tal y como son, y también aceptar la vida tal cual es. Se trata de una responsabilidad personal.

Aceptarte es mirarte al espejo y reconocerte como un **SER ÚNICO y EXCEPCIONAL.**

Aceptar lo que no puedes cambiar en tu vida es muy importante para avanzar y transformarte.

Además, tienes que diferenciar entre conformarse y aceptar: lo primero se da cuando no se tolera la circunstancia y aparecen emociones negativas, pues se cree que no se puede mejorar en la vida; y la aceptación, por su parte, se encamina hacia la tolerancia de la circunstancia, hacia el abandono de una lucha contra algo que no tiene solución.

Siempre hay que abrir la mente a nuevas posibilidades, aunque las cosas no sean como deseas. Aceptar la realidad te facilitará salir de la situación.

EL GRAN PODER DE LA PALABRA

El ser humano tiene un gran poder: la PALABRA.

El don de la palabra es universal y todo lo que quieres se manifiesta a través de ella. Como hemos nombrado anteriormente, pueden ser sanadoras.

Las palabras son decretos y las decimos sin pensar, por lo que muchas veces no sabemos qué estamos transmitiendo.

¿DE QUÉ MANERA TE AFECTAN LAS PALABRAS?

En el colegio no nos enseñan que las palabras están llenas de emociones y energía, ni que el receptor las recibe con la misma emoción que el que las emite.

Cuando éramos pequeños, nos insultábamos y menospreciábamos en el colegio y con los amigos.

¿Recuerdas dónde aprendíamos esas palabras? ¿Escuchaste en casa a alguno de tus padres decirte que eras tonto, estúpido, fracasado o gordo, que no ibas a ser nadie, que no valías para estudiar, qué molestabas, etc.?

Seguro que en más de una ocasión lo escuchaste y te lo creíste, pues lo dicen las personas más importantes para ti.

Estos mensajes de la infancia son los causantes del diálogo interior que hoy tienes de adulto. Seguro que en más de una ocasión no te sientes merecedor de existir, ni de lo bueno.

Con diálogo interno me refiero a lo que te dices en cada momento como el resultado de lo que somos.

Si te estás juzgando o criticando, diciéndote que eres torpe, que no vales, que es imposible... es tan influyente que lo materializas.

Así te verán los demás, tal y como tú te ves: si te engañas, te engañarán; si piensas que no vales, los demás no te valorarán.

Si te menosprecias, la vida no significará nada para ti. Sin embargo, si te amas, todo será esplendido y maravilloso.

El poder está en las palabras, cámbialas para valorizarte, para considerarte un ser poderoso, para responsabilizarte de tu vida.

El único que puede cambiar eso eres tú con tus palabras, pensamientos y diálogo interno. AQUÍ Y AHORA.

Las palabras no se las lleva ningún viento, cada palabra destruye o edifica, hiere o cura, maldice o bendice.

SÉ CONSCIENTE DE LO QUE DICES, PUES LO QUE DECIMOS ES UNA EXTENSIÓN DE NUESTROS PENSAMIENTOS.

¿Qué es lo primero que te dices cada mañana? ¿Y lo segundo? ¿Y lo tercero? Observa cómo influye eso en tu día.

¿Qué es lo último que piensas al irte a dormir? Cuando hablas le das forma a tu futuro.

¿Cómo te diriges a los demás? Las palabras pueden ser muy hirientes y se quedan grabadas en lo más profundo del corazón, en cambio, aquellas que se dicen con amor son sanadoras.

¿Eres amable o te quejas constantemente de todo?

En capítulos anteriores tomamos consciencia con un ejercicio que es hora de ponerlo en práctica: sé consciente de las palabras que salen por tu boca, con qué emoción y pensamiento las dices. Cuanta más consciencia tengas de ellas, mejor te sentirás, y el que las recibe también las tomará con otra energía.

Las palabras son como semillas, plantadas en nuestra mente subconsciente y capaces de cobrar vida y echar raíces.

En mi vocabulario no existen palabras como «No puedo». Siempre se puede. Busca la forma de conseguirlo y, si no, te la imaginas.

Cuando comienzas a cambiar las palabras negativas por otras positivas, en poco tiempo cambiará tu energía y tu vibración.

Cuando las cosas van bien, algo te gusta y estás contento, es fácil decir palabras bonitas. El verdadero reto está en observar cuando algo no está como nosotros queremos, pues es ahí cuando tienes que poner más energía en hablar bien, seleccionar tus palabras de ánimo, esperanza y apoyo.

*«Por tus palabras serás salvado,
por tus palabras serás condenado».*

Jesús de Nazaret.

EL GRAN PODER DEL LENGUAJE:

El lenguaje es lo que nos distingue de otros seres vivos y nos permite comunicarnos de forma sistematizada y comprensible. Desde la prehistoria ya se configuraban diferentes formas de expresión.

Con él transmitimos ideas, pensamientos y sentimientos entre dos o más personas. Además, el lenguaje nos permite identificarnos, pues la forma de hablar es una manifestación externa de nuestro interior.

Samuel Johnson nos regala la siguiente definición: «El lenguaje es el vestido del pensamiento».

Para comunicar de manera fluida es importante leer y adquirir vocabulario. Con la lectura se aprenden conocimientos que después compartimos, aportando a nuestros familiares y amigos conversaciones de interés y constructivas.

Integra y exprésate con un lenguaje amable. Recuerda que la persona que te escucha no solo escucha palabras, sino que también las siente y las interpreta.

«Existe un lenguaje más allá de las palabras».

Paulo Coelho

LAS PALABRAS MÁGICAS Y SANADORAS DE LA TÉCNICA DEL HO'PONOPONO:

Es un sistema de sanación física, mental, emocional y espiritual que se practica desde hace más de cinco mil años y procede de Hawái.

Era común que fuera guiada por un chamán de la tribu y se hacía por grupos, para ayudar a resolver conflictos entre ellos y solucionar así las disputas.

La palabra *ho'ponopono* significa 'enmendar, corregir un error'.

Hoy en día ha sido adaptada a la forma individual por Morrnah Nalamaku Simeona, quien lo ha difundido y presentado a la Organización Mundial de la Salud.

Los seres humanos repetimos pensamientos tóxicos y emociones negativas que traemos de vidas pasadas, de nuestros ancestros y de experiencias a lo largo de nuestra vida.

Cuando hay un vacío interno o problema, hay que ser lo suficientemente responsable y consciente para resolverlo.

La técnica se basa en la repetición de palabras sanadoras, como si fueran un mantra, mencionadas las veces que quieras a lo largo del día.

Las palabras mágicas y sanadoras son: «Lo siento», «Gracias», «Perdóname», «Te amo».

Como se puede deducir, disuelven pensamientos y situaciones negativas, y ayudan a reprogramar emociones.

A continuación, los significados de las palabras sanadoras:

-Al pronunciar **«LO SIENTO»** es como decir «Soy responsable por todo lo que está pasando en mi vida y en el mundo, y lamento el dolor que he causado».

-Al decir **«GRACIAS»** te convences de que todo fluye correctamente. Ser agradecido es llamar a la abundancia en todos los aspectos de la vida. Repítelo tres veces («Gracias, gracias, gracias») para bendecir cualquier situación de aprendizaje.

-Cuando dices **«TE AMO»** te estás diciendo a ti mismo y al universo que amas todo lo tuyo y lo que se relaciona contigo. Repetirlo tres veces («Te amo, te amo, te amo») es muy útil en momentos de crisis o mucha tensión.

-La palabra **«PERDÓNAME»** está manifestando tu deseo de ser perdonado por el Ser Supremo.

El arte de escribir bien

Hoy en día, debido a la tecnología, hemos ido perdiendo el arte de escribir con papel y bolígrafo. Además, por los símbolos y los emoticonos, la ortografía ha perdido mucha atención.

Te invito, amado lector, a que observes cómo escribes: si respetas la ortografía y le pones toda la atención a las palabras escritas, cómo te expresas, si escribes frases completas o, por el contrario, intentas abreviar, etc.

Escribir puede servir para expresar todo lo que tienes dentro, ya sean emociones, sentimientos, problemas o conflictos que no sepas resolver por ti solo. Te animo a hacerlo, todos tenemos un libro dentro, una historia, un mensaje que dar al mundo.

Redactar este libro para mí ha sido completamente transformador. Lo hice desde el corazón, con la ilusión de que pueda aportarte enseñanzas que te sirvan para crecer y entender procesos en tu vida.

Además, escribir nos ofrece posibilidades como terapia: ordenamos los pensamientos, descubrimos conflictos internos y nos permite analizar lo que sentimos y desahogarnos.

EJERCICIO:

Si tienes algún conflicto con alguien y no quieres hablar directamente con esa persona, redacta una carta (si es posible de puño y letra) y pon todo lo que le dirías, absolutamente todo. Acaba la carta mostrando el lado positivo del desencuentro y da las gracias por ello. Después la puedes quemar y así soluciona energéticamente el conflicto. Con esa persona quedarás en paz y retiras toda la energía negativa.

El arte de hacer las cosas bien

¿Observas y prestas atención a cómo realizas las tareas cotidianas? ¿Te planificas y organizas el día y la semana, o vas sobre la marcha?

¿Haces la cama antes de salir de casa? Si es así, te garantizarás un buen día, pues es un acto de amor hacia a ti al saber que, al irte a dormir, no importa cómo hayas pasado tu jornada, tu cama estará hecha para ti.

¿Está limpia tu casa? Mantenerla limpia es también mantener limpia la mente, ya que lo exterior es una proyección de lo interior.

Si estás viviendo momentos de caos, tienes que tomar decisiones, solucionar algún problema, superar alguna pérdida etc., ordena y limpia armarios, dona la ropa que ya no te pones o tira aquella que ya no sirva (por ejemplo, calcetines rotos y sin pareja, ropa interior...).

Deshazte absolutamente de todo lo que ya no te pones o no te sirve. Simbólicamente son pensamientos y creencias que ya no te sirven en tu mente, las estás guardando para nada.

En tu trabajo, ¿te esfuerzas en realizarlo correctamente o lo dejas a medias y no te importa cómo quede hecho? Haz lo correcto, aunque nadie te esté viendo, se llama integridad.

La edad

¿Cuántos años tienes? ¿Estás en paz con tu edad?

Sí, los años se van sumando a medida que pasa el tiempo, pero tienes que ser tan joven como elijas sentirte.

Hay personas de veinte años que son viejas, y hay personas de noventa que son jóvenes.

Venimos a experimentar todas las edades, y todas son buenas. Cada edad da paso a la siguiente con la facilidad que tú le permitas.

Decreto:

«Conservo mi mente sana, abierta y feliz, y mi cuerpo sigue su ejemplo. Estoy en paz con la edad que tengo y espero con ilusión mis mejores años».

«Cada edad tiene sus alegrías y experiencias especiales».

«Siempre estoy en la edad perfecta para el momento de la vida en el que me encuentro».

EL CUERPO FÍSICO

Hasta aquí hemos hablado de las etapas de la vida, de la mente, de las emociones, de la energía, de las conductas, de los patrones, etc.

No obstante, como somos seres espirituales viviendo una vida terrenal, es hora de que demos paso a hablar sobre el cuerpo físico, ese traje que nos han prestado para lucirlo en esta vida.

¿Estás feliz dentro de tu cuerpo físico? ¿Te miras al espejo y te reconoces? ¿Te gustas? ¿Cómo te cuidas?

Si las respuestas son afirmativas, ¡enhorabuena! Sáltate este capítulo.

Si, por el contrario, no estás conforme con todo tu cuerpo, no te sientas raro, es lo normal, un gran número de personas en el mundo no se reconocen cuando se miran en el espejo.

Algunas incluso lo odian tanto que lo maltratan hasta morir, sea de manera consciente o desde el subconsciente. Esto es debido a varios factores.

Desde pequeños escuchamos, según los cánones que marca una sociedad consumista, qué es la belleza. Muchos son los comentarios sobre el físico, incluso se nos compara con otros y nos hacen sentir avergonzados.

Hay familias que se preocupan por las orejas, por ejemplo, he visto a padres pegárselas con esparadrapo a sus hijos para que no sobresalieran. Digo orejas pero me refiero también a otras partes del cuerpo como los dientes, o bien al mayor o menor peso corporal.

Siempre se nos compara con los demás, como si no fuéramos lo suficientemente buenos, incluso con los hermanos, primos o vecinos.

Hoy en día muchos de esos complejos se esconden en el subconsciente y hacen que nos desvaloricemos y que nos comparemos de manera constante con otros, pensando que cualquiera es mejor físicamente.

A lo mejor durante la infancia y la adolescencia te encontraste con multitud de situaciones en las que se burlaban de ti, por ejemplo en el colegio o en el instituto: «Gordo», «Orejas», «Gafotas», «Cuatro ojos», «Flaco» o «Dientes». Incluso puede ser que te pusieran *motes* del tipo «Peggy», «Ardilla» o «Dumbo», los cuales te hicieron creer que tu cuerpo no era *perfecto*.

Hoy en día se llama *bullying* y es muy triste que esto siga ocurriendo, ya que en el siglo XXI se tendría que haber desarrollado una educación basada en la empatía para que esto no ocurriera.

Estamos en la era de la evolución de la consciencia, pero aún queda mucho por hacer. Muchos niños no aguantan la presión y se quitan la vida, a otros les quedan secuelas emocionales y trastornos psicológicos importantes, y se convierten en adultos con complejos como el de la inferioridad.

Como acabamos de mencionar, para poder erradicar situaciones de estas es fundamental la EDUCACIÓN. Está en tu mano, si tienes hijos, educarlos desde la empatía, el respeto y el AMOR.

Defino AMOR como el acto de dar el espacio suficiente al otro para que sea él mismo. El adulto que eres hoy es el resultado del niño que fuiste ayer.

Rompe patrones y creencias limitantes, gestiona las emociones y los pensamientos, sé un ejemplo para tus hijos, sobrinos, nietos, hijos de amigos, alumnos, niños y adolescentes a los que puedas influenciar.

¿Recuerdas alguna situación en tu vida en la que te sintieras humillado o menospreciado por tu físico?

Si la respuesta es afirmativa, es hora de sanar: libérate de los complejos y de los miedos sobre tu cuerpo.

TODOS, absolutamente todos,
SOMOS PERFECTOS.

Estamos hechos en imagen y semejanza a Dios, y cada característica física es perfecta para el desarrollo de la evolución de cada SER. El cuerpo humano es lo más perfecto que puedes ver en la naturaleza.

El esqueleto está diseñado para caminar de pie, correr, saltar y bailar. Todas las articulaciones se mueven para permitirnos sentarnos, tumbarnos o coger cosas, y se unen con los músculos, los cuales a su vez se encajan unos con otros para sujetar la estructura.

Cada uno de los órganos que viven dentro cumple su función para mantener el cuerpo saludable, e incluso cuando duermes siguen funcionando.

En cuanto al cerebro, es lo más parecido a una computadora, lo podemos resetear y organizar.

¿Has observado y agradecido a tus ojos por ver, a tus oídos por escuchar, a tu boca por saborear, a tu nariz por oler y respirar a través de ella, y a la piel por protegerte y percibir?

Todo está conectado para que disfrutes de la existencia y tiene la capacidad de curarse solo, pues las células se regeneran y sanan de forma natural. Además, tu pelo, la forma de los ojos o de los labios... todo tiene un porqué.

Te invito a que reflexiones sobre el funcionamiento del cuerpo.

CARTA A MI CUERPO PARA HACER LAS PACES CON ÉL:

«Hola, creo que ha llegado el momento de hablar contigo. Nunca lo hecho, pese a mis contados años, y nunca me he ocupado de ti.

»Desde aquí quiero pedirte perdón por lo que te he criticado, por no haberte querido, por no aceptarte. Hoy me he hecho consciente de que tengo que cambiar mi actitud hacia ti. Te debo mucho y nunca te lo he agradecido.

»Hoy quiero que sepas que valoro todo lo que me llevas dando desde el momento en el que fui creada. He estado ciega, pero hoy empiezo a verte y a escucharte, hoy voy a comenzar a prestarte atención, a no dañarte, sino a amarte.

»Hoy te doy las gracias por todas las funciones que llevas a cabo para mí: respirar, caminar, sentir, pensar…

»Sé que mis emociones pueden hacerte daño. Sé que cuando enfermas me estás avisando de algo. GRACIAS, desde lo más profundo de mi SER.

»Hoy empiezo a cuidarte porque tú y yo nacimos juntos y permaneceremos juntos hasta que llegue el momento en el que mi alma te abandone y regrese a su hogar. Mientras, estoy aquí y ahora. **GRACIAS, GRACIAS, GRACIAS»**.

¿QUÉ ES LA BELLEZA?

Defino la cualidad de la belleza como la propiedad que nos hace amar aquello que la posee e infunde en nosotros cierto deleite espiritual.

Todos los seres humanos, de todas las edades, desean ser bellos. Parece estar dentro de la psique humana, pero la publicidad y medios de comunicación mantienen a la sociedad con una idea distorsionada de la belleza.

Los científicos del desarrollo creen que reconocer la simetría del rostro es un mecanismo de supervivencia. Por ejemplo, los bebés reaccionan con alegría ante un rostro sonriente y amable y, por el contrario, lloran si ven expresiones de enfado y desagradables.

Esto, de alguna manera, también nos ocurre a los adultos. Ante un rostro de enfado nos alejamos, pero nos acercamos cuando alguien es amable. Juzgamos a las personas por su apariencia.

> *«Solo con el corazón se puede ver bien,*
> *lo esencial es invisible para los ojos».*

Antoine de Saint-Exupéry (*El principito*).

LA ESENCIA DE LA BELLEZA ES EL AMOR.

RECICLA TU CUERPO:

Vivir mucho y mejor es posible si cambiamos la mente y regresamos a los primeros meses de vida.

¿Cómo vive un bebé? Come, duerme, se divierte, juega, descubre cada día algo nuevo, se entrena todos los días para lograr cosas, se arrastra por el suelo hasta conseguir gatear y sentarse, se sujeta a la mesa hasta ponerse de pie y caminar, se cae y se levanta...

Pues lo mismo nosotros, hay que insistir y persistir hasta conseguir lo que queremos, y para ello lo primero es aprender cómo funciona tu cuerpo.

Si te sientes mal, es debido a que tuviste malos pensamientos, repetitivos, a veces obsesivos. Crea un hábito de pensar siempre en positivo. Es posible, no importa la edad que tengas, solo abre la mente y reprograma cosas nuevas.

Veintiún días tarda tu cerebro en integrar un nuevo hábito: despierta con afirmaciones positivas y sentimientos de agradecimiento y de amor, comprobarás cómo experimentas un cambio espléndido en tu cuerpo.

Si tienes alguna adicción, es momento de que tomes DECISIONES, pidas ayuda y la superes. ¡Se pueden superar todas!

HÁBITOS PARA VIVIR MEJOR:

1.º Ten pensamientos positivos, entrena tu mente.

2.º Duerme bien, entre unas buenas sábanas y en un apropiado colchón. Vete a la cama una hora antes y, al menos un día a la semana, no pongas el despertador.

3.º Come menos (comemos más de lo que necesitamos), te dará más salud y más energía. El sistema digestivo debe estar ligero, así que utiliza vegetales y alimentos suaves para no saturar el intestino.

4.º No intoxiques tu cuerpo con alimentos procesados.

5.º Guarda silencio un rato al día, al principio de la mañana.

6.º Fíjate un objetivo de cómo aportar a los demás.

7.º Dúchate y límpiate los dientes, utiliza productos naturales, lee las etiquetas.

8.º Saca la televisión y el microondas de tu casa, son altamente tóxicos. Prueba una semana al menos a estar sin ellos, experiméntalo.

9.º No pongas aparatos electrónicos en tu habitación, y menos en tu mesilla de noche. Apaga el móvil y no lo enciendas nada más levantarte.

Durante el día ponlo en silencio el máximo de horas posibles. Libérate de la *necesidad* de estar pendiente continuamente, ponlo en llamadas de emergencia y planifica un tiempo para atender los correos, wasaps, etc.

10.º Compra solo lo necesario, cuando vayas a comprar algo pregúntate si podrías pasar sin ello.

11.º Mueve tu cuerpo de forma amorosa y consciente. Un buen paseo (si es posible, por la naturaleza), subir las escaleras en vez de coger el ascensor, bajarte una parada antes e ir caminando, etc.

12.º Planifica el día desde que te levantas hasta que te acuestas. Aunque siempre surjan imprevistos, te sentirás más organizado.

13.º Celebra tus éxitos, por pequeños que sean, invita a desayunar a alguien para celebrarlo.

14.º Pasa tiempo con tu familia. En tu planificador deben existir unos momentos para estar con tus hijos, pareja, padres, hermanos y personas favoritas que te importan. No depende de la cantidad, sino de la calidad. Haz que tu vida sea divertida, no seas un robot automático.

15.º Lee, lee bastante. Un libro a la semana, cada dos semanas o al mes, y libros que te aporten y que te ayuden a expandirte en tu propósito.

16.º Sé la clase de persona que te gustaría tener al lado como pareja, amigo, compañero, hijo, padre, madre, etc.

17.º No te quejes, sé agradecido.

18.º Organiza tu economía, no gastes más de lo que ganas.

19.º Aprende cosas nuevas, no te estanques en lo que sabes. Haz cursos de formación para actualizarte, o incluso de algo que desconozcas.

20.º No le hagas a nadie lo que no te gustaría que te hicieran a ti. Antes de actuar, piensa si esa acción aporta o resta.

21.º Baila, canta, ríete y diviértete como si nadie te estuviera viendo. Hazlo delante del espejo. Siéntete libre de apegos, elimina los «Necesito...». No necesitamos nada realmente, agradece y sé feliz con lo que tienes.

22.º Sube el volumen, escucha y canta tu canción favorita como si no hubiera un mañana. Haz una recopilación de canciones motivadoras y alegres, póntelas cuando sientas que la energía disminuye (lo que habitualmente llamamos *bajón*).

23.º Disfruta de un buen baño caliente de vez en cuando, de arcilla roja, alternándolo con agua fría. Es muy reconstituyente.

24.º Sonríe y sé amable.

25.º Abraza a tus seres queridos o a quien creas que lo necesite, como mínimo seis segundos.

La fuerza de voluntad

Es la puerta para tomar el control de tus pensamientos, impulsos, sensaciones y, sobre todo, de tu vida.

La voluntad es como una batería, se va consumiendo a lo largo del día. Según vayas tomando decisiones, se irá agotando: té o café, camisa negra o blanca, carne o pescado...

Cada elección gasta esa batería y, si quieres conservarla, disminuye el número de decisiones triviales. La voluntad se puede desarrollar: cuanto más la trabajes, más fuerte y poderosa será.

Para ello, practica el **autocontrol**, es decir, la capacidad de elegir lo mejor para nosotros y no lo más placentero. Tener control significa no ceder ante los deseos, por muy atractivos que parezcan.

No obstante, un control forzado puede ser improductivo, ya que puede causarte estrés y desgaste, así que te recomiendo un enfoque diferente.

A continuación menciono **tres técnicas** para incrementar la voluntad, controlar tus acciones e impulsos, expandir tu fuerza interior y resistirte a las tentaciones.

1.º De manera constante pregúntate: «¿Es una necesidad o es un deseo?».

Cada mañana, cuando te despiertes, cada acción que tomes estará orientada a una necesidad que tienes o un deseo que posees. Coloca cada acción en una de las dos opciones y nota cómo la mente se empieza a transformar. Por ejemplo, ponlo en práctica con la alimentación y tus actividades.

Esta estrategia le permitirá al subconsciente diferenciar entre necesidad y deseo. Comienza a verlo con esta nueva perspectiva, poco a poco irás dominando los impulsos sin reprimirlos, solo haciendo una clara distinción entre las acciones que necesitas y el deseo.

2.º Explora los límites de tu zona de confort.

Para entrenar la fuerza de voluntad tienes que ser cuidadoso de no caer en la trampa, que es regresar a la zona de confort. Para lograrlo, intenta no hacerlo de forma radical.

Por ejemplo, imagina que quieres bajar de peso: durante años has tenido hábitos poco saludables y, de repente, tomas la decisión de cambiar por completo tu alimentación, basada en una dieta estricta de frutas y verduras. Algunos días lo llevarás bien, pero pronto te aburrirás, te rendirás y volverás a tus viejos hábitos.

¿Qué pasó? Que saliste de la zona de confort de manera muy radical. Lo que te aconsejo es que vayas cambiando poco a poco.

Por ejemplo, por etapas: el primer mes, cambia las cenas; el segundo mes, cambia el desayuno; y el tercer mes, cambia tus comidas, explorando los límites de tu zona de confort. Después, extiéndelos poco a poco, como si infláramos un globo (si lo inflas mucho, explotará).

Para cambiar cualquier hábito en cualquier área de tu vida has de ir incrementándolo poco a poco, solo así saldrás de la zona de confort con éxito y sin caer en la trampa.

3.º Resiste diez minutos.

Desafíate a aguantar diez minutos más, es sencillo y poderoso. Tu fuerza de voluntad irá aumentando si sabes que puedes resistir diez minutos más.

Si llevas una dieta saludable y un pastel o un antojo se cruza en tu camino, aguanta diez minutos.

Si estás trabajando y te entran ganas de ver redes sociales, aguanta diez minutos. Cualquier cosa que creas que no puedes resistirte, aguanta diez minutos.

Después de este tiempo, el impulso desaparecerá si evitas caer en la tentación y entrenarás a tu mente para no ceder ante los impulsos.

Estas tres técnicas son la clave para desarrollar tu fuerza de voluntad. Sin embargo, también te invito a que compartas tus objetivos y nuevos retos con otras personas, ya que te ayudará a motivarte y a poner fechas y límites para cumplirlos.

Te estarás preguntando: «¿Y cómo cambio todos estos hábitos?». El cambio mental requiere un esfuerzo.

Como vimos anteriormente, el cerebro buscará excusas para retrasar el momento. Es hora de tomar decisiones, **facilítale a tu mente nuevos pensamientos.**

Evidentemente, lo más racional es que vayas integrando poco a poco cada uno. Lo más importante es **la intención**, darte cuenta de que has revisado tus hábitos y de que es evidente que tienes que cambiarlos para mejorar tu vida en todos los ámbitos.

Apunta los más viables y ponlos en práctica. A medida que veas que tu vida va mejorando, ve añadiendo cada día o semana alguno más, **hazlo progresivamente**.

Cada día comienzas de nuevo, renaces, aprovéchalo para comenzar un nuevo hábito positivo que te aporte y te llene de energía tu cuerpo.

Permítete pedir ayuda. A veces nos vemos enredados y bloqueados sin motivación, un guía o *coach* especializado según en qué materia puede apoyarte y acompañarte en tu decisión de cambio. ¡EMPEZAMOS!

SUEÑOS O CREENCIAS

Hasta aquí has alineado cuerpo, mente y espíritu, y has cambiado hábitos para mejorar notablemente tu vida.

Es el momento de reflexionar.

Con tu trabajo... ¿realmente estás feliz ahí? ¿Amas lo que haces? ¿Disfrutas de los lunes como si fueran viernes? ¿Buscas cursos de formación para mejorar como profesional?

Si no son afirmativas, entonces quédate.

¿Te has preguntado alguna vez si lo que haces mejora la vida de los demás?

«La mano que te da unas rosas siempre conserva un poco de la fragancia». Proverbio chino.

Si en tu día a día, ya sea tu trabajo o en tu casa, realizas actos bondadosos, tu vida cobrará sentido y se enriquecerá, ya que **recibes lo que das**.

Te invito a reflexionar sobre esto, pues el mayor tiempo del día lo pasamos en el trabajo. Empieza a contemplarlo desde otro punto de vista: además de que te renumeren, que también te haga feliz y sentirte bien.

Las creencias de un trabajo fijo y ganarse la vida ya las reprogramamos anteriormente, por lo que te recuerdo que es hora de que empieces a disfrutar madrugando y a amar lo que haces.

SÉ LA MEJOR VERSIÓN DE TI MISMO

Había una vez un hermoso jardín con manzanos, naranjos, perales y bellísimos rosales, todos ellos felices.

Todo era alegría en dicho lugar, excepto por un árbol profundamente triste. Tenía un problema: no sabía quién era.

—Te falta concentración —le decía el manzano—: si te esfuerzas, podrás tener hermosas manzanas. ¿Ves qué fácil es?

—No le escuches —le decía el rosal—, es más sencillo tener rosas. ¿Ves qué fácil es?

El árbol, desesperado, intentaba todo lo que le sugerían y, como no lograba ser como los demás, se sentía cada vez más frustrado.

Un día llegó hasta el jardín un búho, la más sabia de las aves, y, al ver su desesperación, le dijo:

—No te preocupes, tu problema no es grave, es el mismo que el que tienen muchos seres humanos. Yo te daré la solución: ¡no dediques tu vida a ser como los demás quieren que seas! ¡Sé tú mismo, conócete y, para lograrlo, escucha tu voz interior!

Y dicho esto, el búho desapareció.

«¿Mi voz interior? ¿Ser yo mismo? ¿Conocerme?», se preguntaba el árbol desesperado, ¡pero de pronto comprendió!

Cerró los ojos y los oídos, abrió el corazón y, por fin, escuchó a su voz interior, que le dijo:

—Tú jamás darás manzanas porque no eres un manzano, ni florecerás en primavera porque no eres un rosal. ¡Eres un roble! Has de crecer grande y majestuoso, dar cobijo a las aves, sombra a los viajeros, belleza al paisaje. Esa es tu misión, ¡cúmplela!

El árbol se sintió fuerte y seguro de sí mismo, por lo que pronto llenó su espacio y fue admirado y respetado por todos.

En la vida todos tenemos una misión por cumplir, un espacio que llenar. No permitas que nada ni nadie te impida conocer y conectar con **la esencia de tu SER**.

El propósito de tu felicidad

¿Te imaginas que tuvieras el dinero suficiente para vivir bien? ¿Te plantearías no trabajar más?

Escucho con frecuencia: «Si me tocara la lotería, dejaría de trabajar, me iría lejos y sería feliz».

Déjame que te diga que no serías feliz con dinero y sin trabajar. Estoy de acuerdo con que el dinero da la tranquilidad y que por ello te hace sentir bien, pero eso sería por un tiempo.

La verdadera felicidad se consigue trabajando por un propósito, por una meta, lo que se conoce como **REALIZACIÓN**.

El propósito tiene que estar unido a aportar y ayudar a los demás a mejorar. Es algo que deberían enseñarnos desde pequeños, nos ahorraríamos muchos años perdidos en saber verdaderamente qué es lo que hemos venido a hacer.

Las creencias limitantes nos posicionan para elegir unos determinados estudios a la edad de máxima confusión mental y emocional. En la adolescencia eliges estudiar una carrera, pero no siempre la escoge el individuo sino la nota resultante en la selectividad.

Estas creencias también nos obligan a buscar un trabajo, el que sea, para ganar un sueldo y así poder comprar un coche y una casa que te hipotecará prácticamente toda tu vida, y también para poder pagar unas vacaciones en la playa. No obstante, no solo el confort da la felicidad.

Además, hay que tener en cuenta que hay trabajos con los que se sobrevive, pues un gran porcentaje de la población no llega a fin de mes cómodamente.

Es momento de cambiar la mentalidad.

Cada ser humano es único y aprende de forma diferente. Estaría bien que cambiaran el sistema educativo y fomentaran el desarrollo del talento de cada niño, a fin de guiarle en su propósito de vida.

¡Sería maravilloso! Potenciaríamos la creatividad, habría nuevos oficios, nos liberaríamos de estar *explotados*, tendríamos más conocimientos y sabiduría sobre nosotros, y no permitiríamos que nadie abusara de nuestro tiempo y dinero.

Si tienes hijos o niños a los que puedas influenciar, estaría bien poner nuestro granito de arena y fomentar los cambios.

A veces nos da pereza hacer cambios porque nos vemos inferiores, pequeños, creyendo que no servirá de nada lo que hagamos.

Te animo a realizarlos. ¡Sí que sirven! El mundo cambia con tu ejemplo, no con tu opinión.

¡Haz que pasen cosas! Si tienes un mensaje que dar... ¡escríbelo! ¡Grítalo! ¡Dilo!

Sigue tu intuición, escucha tu voz interior, mira a tu alrededor y observa: ¿qué puedes hacer para mejorar lo que no te gusta?

Estamos tan acostumbrados a quejarnos que, cuando llega el momento de actuar, no sabemos cómo hacerlo.

«Estoy convencido de que en este día somos dueños de nuestro destino, que la tarea que se nos ha impuesto no es superior a nuestras fuerzas, que sus cometidos no están por encima de lo que podamos soportar. Mientras tengamos fe en nuestra causa y una indeclinable voluntad de vencer, la victoria estará a nuestro alcance».

Winston Churchill.

Abundancia o escasez

¿Qué es ser abundante?

Es tener gran cantidad de algo, de cualquier cosa. A veces pensamos en abundancia y nos viene el dinero a la cabeza.

La abundancia es una vibración que está presente en tu mente, cuerpo y alma, y está relacionada con cualquier ámbito de nuestra vida: tener buena salud y buenas relaciones, cumplir con la vocación laboral, estar en armonía con el dinero y la vida, etc.

Lo importante es preguntarte cómo te sientes: ¿en abundancia o en escasez? La respuesta dependerá de la influencia de las creencias limitantes.

Según Enric Corbera, psicólogo y diplomado en Neurobioemoción, existen algunas creencias limitantes que tenemos arraigadas, como las del trabajo: qué duro es madrugar y someterse a un horario, el sacrificio de realizarlo, pensar en una rutina impuesta, compartir muchas horas con compañeros con los que no nos llevamos bien, etc.

«Que el dinero cuesta mucho ganarlo». ¿Cuántas veces has escuchado esta frase? O bien la de «No soy el banco de España, ni aunque me volviera dinero». Yo se lo escuchaba decir mucho a mi madre.

También poseemos creencias sobre las personas que tienen mucho dinero. Por ejemplo, que los ricos son malas personas por tenerlo.

Es cierto que algunas personas con dinero abusan de otras que no lo tienen, pero esto solo se debe a que las primeras se creen superiores o más poderosas y las segundas permiten que se abuse de ellas.

Las creencias también afectan al área de la salud. Por ejemplo, cuando una persona cumple ciertas edades, se cree que ya empieza con achaques, dolores y ciertas enfermedades que las llaman «de la edad» (tipo reuma, colesterol, hipertensión, etc.).

Igual ocurre con las relaciones: si alguien nos regala algo o nos hace un favor sin más, pensamos que lo hace por obtener algo a cambio.

En definitiva, la tendencia es a pensar en negativo. Incluso también es frecuente que si obtenemos abundancia sin esfuerzo es como si hiciéramos algo malo. No nos sentimos merecedores de lo bueno sin sacrificio.

Otra de las creencias que nos afectan negativamente es el apego, por el miedo a perder lo que poseemos: la pareja, la casa, el coche, el trabajo, el dinero, etc. Hay que aprender a dejar ir para que entren cosas nuevas.

Por esta razón te recomiendo que agradezcas cada vez que pagas cualquier cosa, ya sea una factura, un alquiler o incluso una multa. Hazlo para dejar entrar dinero nuevo por otro lado.

Por último, ocurre también con el deseo de comprar por comprar: un coche de lujo, un reloj, una joya, etc. En realidad no hace falta, así que antes de comprar algo pregúntate: «¿Para qué lo quiero?», «¿Es necesario?», «¿Podría pasar sin ello?».

Si la respuesta es para obtener un estatus, lo que hay que mirar es tu falta de autoestima.

LAS DIEZ LEYES DE LA ABUNDANCIA:

1.º **Ley de la creación**: lo que crees, creas. Somos capaces de crear lo que queremos ser, hacer o tener si lo sentimos y lo pensamos.

2.º **Ley de la vibración**: obtienes lo que más piensas, tanto si lo deseas como si no. Está relacionada con la anterior, pero en este caso **alineamos** lo que pensamos con lo que deseamos, ya que también puede tener un efecto negativo.

3.º **Ley de causa y efecto**: todo lo que experimentas en la vida es el resultado de una acción. Es decir, lo que hayas hecho en el pasado es el resultado de tu presente y tu futuro. Somos conscientes del poder que tenemos de actuar en el presente para influir en el futuro.

4.º **Ley del equilibrio**: recibes lo que das. Es decir, lo que das al mundo de una forma u otra es lo que recibes. Lo mejor es dar sin esperar nada a cambio, desde el corazón.

5.º **Ley del orden**: la vida es ser-hacer-tener, en ese orden. Por ejemplo, si deseas tener una pastelería, tendrás que especializarte en ser buen pastelero y en la materia en sí, además de aprender a hacer y tener buenos productos para venderlos.

6.º **Ley de la acción**: como haces una cosa haces la otra. Eres único e irrepetible, tienes tu identidad, lo que quiere decir que has de ser coherente con lo que dices y con lo que haces. Por ejemplo, si eres médico y defiendes que para gozar de salud hay que comer sano, hacer deporte y eliminar adicciones; pero tienes sobrepeso, eres sedentario y comes alimentos procesados, pues no se corresponde lo que dices con lo que haces.

7.º **Ley del mínimo esfuerzo**: demasiado estrés consume mucha energía y puedes enfermar, llevando a cabo un efecto conocido como el del *péndulo*. En línea con las anteriores leyes, demasiada energía te devuelve lo contrario. Elige los caminos más sencillos, la perseverancia y la ilusión.

8.º **Ley de los medios y los fines**: disfruta el proceso y respeta el orden. Primero hay que ser para poder tener, la felicidad de mañana está ligada a la de hoy.

9.º **Ley de la expresión de los dones**: pon tu don, tu talento, al servicio de los demás, y generarás abundancia. Si compartes tu sabiduría para ayudar, estarás haciendo un bien social.

10.º **Ley de desapego**: lo visualizas, sientes que lo tienes, te sincronizas con ello y te desvinculas.

Te invito a cambiar ciertas creencias sobre la abundancia para atraerla y sincronizarte con esta energía.

¡Siéntete merecedor y sé agradecido, cambia las creencias limitantes y disfruta de la abundancia en tu vida!

LA PROSPERIDAD

¿Qué es la prosperidad?

La palabra *prosperidad* viene del latín *prosperitas* o *prosperatis*, que significa 'el curso favorable de las cosas' y 'éxito en lo que se emprende, sucede u ocurre'.

«La prosperidad no es solo posesiones materiales. La verdadera prosperidad significa madurar espiritualmente en la relación de uno con Dios. Es salud física, mental, emocional y bienestar del alma», nos define Tom Leding.

El mandala que te propongo a continuación es el de la abundancia y la prosperidad, y conecta con el poder de materializar el éxito, tanto en el plano material como espiritual.

Píntalo y se activará, pero hazlo con los siguientes colores por sus propiedades:

-Naranja: prosperidad y riqueza.

-Amarillo: sabiduría y poder interno.

-Rosa: amor incondicional y divino.

-Violeta: transmutar las limitaciones.

Colorea con el sentimiento y la consciencia de tus deseos en manifiesto, y repite afirmaciones mientras lo haces:

- «Yo soy merecedor de todo lo bueno que el universo tiene para mí».

- «Soy un imán para el dinero».

- «Yo estoy agradecido de toda la abundancia en mi vida».

- «El dinero llega a mí en diferentes formas».

Hazlo cada día para manifestar la prosperidad y la abundancia en tu vida.

Celina Emborg.

Celina Emborg.

DARLE UN SENTIDO A LA VIDA

Este es el propósito de este libro y de mi SER: darle un sentido a tu vida aquí en la Tierra. Como menciono al principio, somos seres espirituales y por eso a veces nos hacemos preguntas como «¿Qué hago aquí?» o «¿A qué he venido?».

Es complejo encontrar nuestro propósito, pues en el camino nos tropezamos con desafíos que nos ayudan a evolucionar y crecer.

RECUERDA QUE DE TUS MAYORES DESAFÍOS VENDRÁN LAS MEJORES BENDICIONES.

Has venido para brillar, que nada ni nadie te detenga.

Entiende tus emociones y pon en práctica el cambio de pensamiento y de creencias limitantes. Tu vida mejorará, llegarán la abundancia y los éxitos multiplicados.

Comparte lo que aprendiste, ayuda a otros a mejorar también sus vidas, y así tus bendiciones aumentarán. Recuerda: **lo que das, recibes.**

CADA DÍA QUE VIVES ES UNA OCASIÓN ESPECIAL PARA CAMBIAR Y AMAR.

Amado lector, amada lectora, *corazón valiente*.

> **SI ESTE LIBRO TE HA SERVIDO PARA CRECER, EVOLUCIONAR Y DARLE UN SENTIDO A TU VIDA, TE PIDO POR FAVOR QUE ME AYUDES A COMPARTIR MI MENSAJE.**
>
> **RECOMIENDA EL LIBRO A CINCO PERSONAS A LAS QUE CREAS QUE LES PUEDA AYUDAR.**
>
> **ENVÍAME TU EXPERIENCIA CON LA LECTURA SI HAS TENIDO ALGUNA REVELACIÓN.**

Hazlo solo en tres pasos:

1º   **Hazte una FOTO con el libro.**

2º   **Escribe tu experiencia con la lectura.**

3º   **Envíamela por EMAIL a soniabautista73@ hotmail.com.**

Me encantará conocerte y saber de qué forma ha mejorado tu vida. GRACIAS, GRACIAS, GRACIAS.

A partir de ahora ten a mano este libro y, cuando te sientas bloqueado o estancado, abre una página al azar, que sea la magia del universo la que te muestre la solución.

De pedacitos de ti es el primer libro de la trilogía, así que continúa leyéndola con *Corazones abiertos* y *El amor es la fuente*.

¡Maravillosas enseñanzas te esperan!

Dedicatoria a Lain García Calvo:

Lain, este libro está escrito *de pedacitos de ti…*

Te dedico esta página para agradecerte tus enseñanzas, tus impulsos, tus ganas, la fe y la esperanza.

Te agradezco de corazón que escribieras el libro *La voz de tu alma*. Creo que fui de las primeras personas que lo leyó y transformó mi vida por completo.

Me hiciste imparable, me conectaste con la voz de mi alma y mi propósito de vida. Cambiaste mi mentalidad.

Por todo esto, millones de gracias, Lain.

Te amo, te amo, te amo.

Dedicatoria a Antonio Orozco:

Esta página se la dedico al canta autor Antonio Orozco, su trayectoria profesional, me ha servido de gran motivación, siendo un claro ejemplo de superación, de él he aprendido que, si se trabaja, insistes, persistes, y sobre todo crees en ti los sueños se cumplen.

Gracias Antonio por cumplir con tu propósito de vida, compartir tu talento, el cual admiro, por ser tan buen SER humano, este libro también esta hecho de pedacitos de ti.

Gracias de corazón.

Decreto

«YO SOY UN CORAZÓN VALIENTE, HOY DOY UN PASO ADELANTE, APRENDO DEL PASADO, PERDONO Y ME PERDONO.

»MEREZCO DISFRUTAR DEL PRESENTE, ME AMO.

»MIRO AL FUTURO CON FE, GRACIAS.

»ME PERMITO VIVIR EN ABUNDANCIA, TE AMO».

Sonia Bautista Lozano.

SÍGUEME EN MIS REDES SOCIALES

 SONIA Bautista

 @soniakitara

 soniakitara @kitaraajna

 Sonia Bautista